Quinze Poderes Que Mudam Sua Vida
Lançamento: 01/maio/2015
Capa: Andrey Lamberty

Trevisan Lauro
Quinze Poderes Que Mudam Sua Vida/ Lauro Trevisan/ Santa Maria/ Editora da Mente, 2015.

ISBN: 978-85-7151-079-1

1.Motivação 2.Psicologia 3.Poder da mente 4. Espiritualismo 1.Título

CDU 159.962.7

Ficha elaborada por Eunice de Olivera – CRB 10/1491

EDITORA DA MENTE

Editora e Distribuidora da Mente
Caixa postal 559 – cep: 97015-663
Santa Maria, RS, Brasil
Fone: (0xx55)3223.0202
Fax: (0xx55) 3221.7184
E-mail: mente@editoradamente.com.br
Autor:laurotr@uol.com.br
Site:www.editoradamente.com.br
Site do autor:www.laurotrevisan.com.br
Rede social:www.facebook.com/lauro.trevisan

Lauro Trevisan

Quinze Poderes Que Mudam Sua Vida

2ª Edição

Editora da Mente - Santa Maria/RS - Brasil

Quinze Poderes

Quinze forças poderosas que abrem caminhos, realizam sonhos, desfazem desgraças, renovam ideais, conquistam o mundo, materializam projetos.

Antes de tudo, me diga:

- Por que você quer conhecer os quinze poderes?

- Ora – dirá – para alcançar meus objetivos, ter mais, ser feliz, realizar meus sonhos, ganhar mais dinheiro.

- Para quê? – pergunto-lhe.

Sei o que responderá:

- Para viver bem, ter segurança, garantir o futuro, viver como rico, preparar uma velhice tranquila, dar conforto à família, não depender de ninguém.

Proponho:

- Resuma em três palavras.

Pego de surpresa, você silencia por instantes, mas acaba sintetizando seus desejos:

- Rico – saudável – feliz.

Vou apertando o cerco:

- Agora, tudo numa palavra.

- Feliz.

Boa ideia. Riqueza e dinheiro não fazem a felicidade, mas o bom é que a felicidade faz riqueza e dinheiro. Dinheiro não é sinônimo de saúde, mas felicidade é saúde. Fica claro que, além de tudo, ser feliz é a melhor condição humana para ser saudável e ganhar dinheiro. Então, basta focar o objetivo.

Para onde você focar sua atenção, para lá a energia fluirá. O fluxo de energia segue sua atenção, como a eletricidade segue o fio.

Os poderes que você invocar concentrarão a energia criadora no foco da sua atenção e da sua intenção.

Você pode focar seu interesse no dinheiro e nele jogar todas as fichas, sem se importar com mais nada, mas cairá num buraco negro, porque o ser humano anseia por felicidade e, quando esta falhar, sobrará o vazio, a frustração e a depressão. Você mesmo conhece vários ricos que fizeram do dinheiro o destino único do seu viver e acabaram estressados, abatidos, desesperançados e infelizes.

Quando o indivíduo vive única e exclusivamente para seu proveito próprio material, puxando todos os benefícios da energia cósmica apenas para si, sem nada oferecer em troca, não passa de um gastador do fluxo universal.

Sugiro que você ingresse no mundo das pessoas bem-sucedidas usando os poderes, não só para colher e gastar como também para plantar. Somos o um e o todo no universo: o bem e o mal que você atrai beneficiará o universo ou o contaminará.

Use os poderes à vontade, são seus, estão à sua

disposição, mas não desconheça as Leis Universais. Aja de forma a que o universo conspire a seu favor e não contra você.

Só o bem produz o bem.

Bom proveito.

Quinze

Quinze poderes, uns maiores outros menores, mas todos à disposição do ser humano. As escolhas são suas, então pare de se queixar de que a vida está difícil, que a situação está complicada, que o mundo é mau, que você não tem sorte. Aqui você tem quinze poderes, nada menos do que quinze poderes verdadeiros, legítimos, fortes, para o que quiser. Leia esta obra e assinale os poderes com os quais se afina. Com certeza, há alguns em que deposita mais fé do que em outros. É normal. No entanto, não deixe de vasculhá-los todos, já que amanhã ou depois poderá ocorrer um clic na sua cabeça e de repente descobrir mais algum poder que o animará a perseguir seus objetivos. São ferramentas para seu uso diário.

Quinze poderes. Tenho certeza de que pelo menos alguns despertarão suas forças interiores.

Por favor, não seja renitente nem inflexível. Não diga que não é tão fácil e simples quanto parece. Também não diga que é bom sofrer, senão devo compará-lo àquele louco que costumava golpear a cabeça com um martelo. – Por que você bate na testa com o martelo? – Ora, você nem imagina como é bom quando paro de bater!

Atravessar um rio a nado é conquista fantástica, mas exige muito esforço; atravessar de barco é prazeroso.

Se você adora conquistas à custa de luta, use os poderes que exigem energias físicas. Se gosta de navegar apenas nas águas da ciência, aplique os poderes mentais. Se é dado a voos transcendentais, invoque os poderes superiores. Se é uma pessoa universal, tente dar-se bem com todos os quinze poderes.

Não dependa de ninguém. Não se contente em remar contra a correnteza. Você pode acionar quinze poderes e colocar a correnteza a seu favor.

Pode quinze vezes mais que os adormecidos à beira da estrada da vida.

A vida é o oceano, você o navegador.

Agora escolha: quer barco a remo? A motor? A vela? Prefere um transatlântico a navegar fagueiro em meio a tempestades? Ou é daqueles que tentam se manter à tona sentados numa casca de noz?

Decida.

Bem, não precisa decidir agora. Por enquanto pare, olhe, escute. E leia. E reflita, se tiver tempo.

Uma coisa é certa: usando seus quinze poderes, logo, logo, jogará no mar sua caixa de lamentações. E a viagem prosseguirá alegre, confortável, bem-sucedida.

Aquele Poço das Lamúrias que você tem em casa, será desativado.

Não acredita? Está bem, não estou pedindo para acreditar, apenas lhe ofereço passaporte para desvendar este misterioso planeta, mais deslumbrante do que o mundo inesquecível do Pequeno Príncipe. Aqui você também é o príncipe reinante. E descobrirá o arquipélago dos seus sonhos. Uma coisa incrível! Quinze ilhas, quinze poderes, já ouviu isso alguma vez?

Navegue essa ideia: Imagine que este livro seja o mapa oculto da mina dos tesouros. Pois, então, pegue esse mapa e saia à caça dos tesouros de fascínio irresistível.

A ideia

Na manhã de dezessete de novembro de 2014, caminhava pela praia de Tramandaí, sob um sol deslumbrante. No final da semana, estivera autografando três livros na Feira do Livro de Porto Alegre. Pois, aproveitando a praia daquele dia luminoso, caminhava à beira do mar, ao som do alegre e monótono marulhar das ondas, quando um velho amigo me abordou, perguntando desde logo:

- E, então, Lauro, está pensando uma nova obra?

- Realmente, estou.

- É mesmo? Sobre o quê?

- O tema será: Os quinze poderes que mudam sua vida.

- Quinze poderes? É difícil acreditar que exista um poder e você vai falar sobre quinze?

- Pois é, você pensa como a maioria das pessoas. Vivem num mar de dificuldades e não conseguem admitir que haja a possibilidade de invocar algum poder especial capaz de romper barreiras e conduzir à autorrealização.

- É difícil mesmo admitir, porque a vida é uma gangorra, um sobe-desce sem fim, e a gente não sabe aonde vai parar.

Comentei:

- Olhe ao seu redor e encontrará pessoas felizes e infelizes, saudáveis e doentes, ricas e pobres, morando em palacetes e debaixo de pontes, realizadas e frustradas. O que é que faz a diferença: A vontade de Deus? A sorte? O trabalho? A inteligência? Acha você que é Deus quem determina o destino, a uns fazendo-os ricos e felizes e a outros deixando-os pobres e desgraçados? Tem coragem de atribuir a Deus tamanha discriminação e insensibilidade? Não somos todos iguais perante Deus? Ou a diferença depende da sorte? Se depender de sorte, as pessoas só poderão ficar na torcida para que a balança penda para o lado delas. Depende exclusivamente do trabalho? E aqueles que trabalham como animais e não conseguem vencer na vida? Então, dirá que depende da inteligência, mas não saberá explicar por que tanta gente culta, formada, sequer consegue ter casa enquanto muitos semianalfabetos alcançam maravilhas. Meu pai, por exemplo, saiu do interior da Quarta Colônia imigratória, quase analfabeto, montou armazém em Santa Maria, construiu casa, hotel, teve carro, apartamento na praia, e criou muito bem seus onze filhos. Sorte? Cultura? Algo especial?

- E que diz você? – indagou ele.

- Eu digo, e escreverei nesse livro, que, em primeiro lugar, tudo que Deus faz é bem feito, sábio, justo, equânime, porque todos somos iguais perante Ele. A todos são dadas as mesmas oportunidades. Uns as descobrem mais cedo, outros mais tarde. E há os que nunca descobrirão. Lamentavelmente, também há os que se negam a descobrir, acreditando que estamos neste mundo para sofrer e aceitar o que acontece. Uns estarão de olhos abertos e ouvidos atentos, outros continuarão cegos e surdos.

Diante de situações complicadas e dolorosas, dizer que Deus quis assim é ofensa ao Pai Celestial. Dizer que a vida é injusta ou incontrolável também atenta contra uma Sabedoria infinita.

- Os que rezam muito e praticam a religião são os privilegiados de Deus? – quis saber o homem.

- Nem sempre.

- Então, não entendo mais nada.

- Pois é, noventa e nove por cento da humanidade pensa como você. A ignorância é o grande mal desse planeta. Deus fez a parte dele de forma igualitária: todos nascemos portando um Guia de Conduta e Autorrealização. Este Guia explica que cada um tem condições de ser e ter o que desejar, desde que conheça e use a lista de poderes assinalados no Manual de Vivência. No entanto, quem conhece este Manual? Quando você comprou o computador, leu, por acaso, o Manual de Uso? Tem alguém que lê as instruções que recebe junto com o celular ou com a geladeira? Nascemos com Manual, não somos perdizes extraviadas no campo. Por acaso, nem a perdiz nasceu sem Manual de Sobrevivência. Segue as instruções que lhe foram registradas no seu DNA. Até a árvore brota com Manual de Sobrevivência e cumpre automaticamente as instruções. Ninguém viu até hoje um eucalipto produzir maçãs. Não viemos a este mundo sem saber por quê e para quê. É sobre isso que estou escrevendo. Não somos moscas que giram sem sair do seu circuito. O destino da criatura humana vem inscrito na mente. O Manual de Instruções está registrado na mente. Para facilitar a leitura e a compreensão, estou escrevendo esta mensagem. Para ensinar como realizar os sonhos e desejos, decidi-me a essa empreitada fascinante.

- Então, você sabe tudo? – ironizou o homem.

- Eu presto atenção a tudo, analiso, estudo, vejo experiências, uso conhecimentos, medito, aprendo com a vida, faço confrontações, busco os arcanos da Sabedoria Interior e retiro desse amálgama imenso as conclusões óbvias. Como escreveu meu amigo jornalista gaúcho Paulo Sant´Ana: "Gênio é aquele que primeiro enxerga o óbvio". Muita gente não pensa, acha que pensar dói. Entre as conclusões evidentes passadas pelo Criador aos seres de sua própria espécie, estão os quinze poderes inerentes a cada indivíduo.

O homem meteu as mãos no queixo e saiu brigando com suas próprias ideias. Com certeza, por alguns minutos a cabeça ficará girando entre o que ele pensa, o que eu disse e o que ouviu na religião, na tevê, nos livros e nas conversas de amigos. O que sairá dessa sopa, não sei. Tudo depende de três fatores fundamentais: vontade de aprender, espírito crítico e autonomia decisória.

Vontade de aprender é fundamental, pois o desinteresse mata desde logo qualquer avanço mental ou físico. A vontade independe de conhecimento e de certezas. É a força que faz seguir em frente.

Espírito crítico é a capacidade inteligente de colher informações e passá-las pelo crivo do discernimento. A maior parte das pessoas se fecha em seus dogmas e ideologias. Espírito crítico analisa, pondera, observa, pesa os argumentos, antes de adotar qualquer verdade no seu acervo pessoal.

Autonomia decisória é a virtude de aceitar ou rejeitar proposições de qualquer ordem. Autonomia não vai a reboque de nada e de ninguém. Autonomia não se deixa seduzir. Autonomia é sentir-se livre e desimpedido na hora de decidir algo.

Dúvidas

Reuni quinze pessoas:

- Quero falar para vocês sobre um segredo muito importante. Não devia ser segredo, mas infelizmente ainda é, porque pouca gente tem conhecimento. Vou revelar-lhes os quinze poderes que mudam a vida.

- Como é que é? – sorriu incredulamente o João.

- É o que eu disse: vocês conhecerão quinze poderes que modificam qualquer situação e abrem caminho para uma nova vida.

- Desculpe – interveio o Pedro – mas isso tem jeito de muita promessa pra pouco santo!

- Pois é – aproveitou o João – quando a promessa é demais o santo desconfia.

- Olha, lhe garanto que nem quinhentos poderes me tiram da embrulhada em que me encontro – brincou o Adílio. – Devo uma vela para cada santo e o castiçal pra Jesus Cristo.

- Já li alguma coisa sobre isso, mas ainda não me convenci de que a gente pode mudar a vida num passe de mágica - comentou a Antoniete.

- Pois, existe mágica nos quinze poderes – sorri. – Não é de boa inteligência negar o que não se conhece. As pessoas cultas são curiosas. Não negam nem concordam: querem ouvir e analisar. As pessoas medíocres são arrogantes. Negar o que não se conhece é querer viver na eterna mesmice.

- Ah, se eu pudesse realizar um sonho que acalento há anos, seria uma maravilha! – exclamou a Júlia.

- Ah, se a minha situação não fosse tão atrapalhada! - resmungou a Lúcia.

- Ah, se isso funcionasse eu avisaria a minha tia, que tem um câncer complicadíssimo – comentou o Teodósio.

- Ah, mas se eu não tivesse que cuidar do meu pai, até poderia aceitar essa história de quinze poderes – se queixou o Maicol.

Ia responder ao Maicol que esse modo de pensar estava gerando um círculo vicioso. O pai, ao não cuidar de si enquanto percorria os caminhos da vida, agora exigia os cuidados do Maicol, e o Maicol, ao não cuidar de si porque cuida do pai, vai exigir alguém que um dia cuide dele, e assim vai até que alguém rompa o círculo vicioso. Quando se romperá essa corrente? Claro que o pai dele precisa de cuidados, mas esses cuidados podem ser praticados por pessoa paga por algumas horas diárias ou em tempo integral.

- E a atitude de filho, onde fica? – perguntará o Maicol.

- Fica nas visitas, nos carinhos, na assistência, nos telefonemas, nos presentes, nas surpresas e na criatividade amorosa.

Mas, o que quero dizer é que cada um é responsável por si e deve prover sua subsistência, enquanto é tempo. Caso contrário, alguém terá que ficar cuidando de você porque teve que ficar cuidando de outro. Está certo sufocar seus sonhos e deixar de cumprir sua missão nesse planeta?

Não pude dizer o que pensava, porque logo seguiu-se outra exclamação:

- Ah, mas se tudo corresse em linha reta o mundo não seria torto, como é!

Tomei a palavra:

- O mundo não é torto, apenas está mergulhado num mar de "Ah, mas" e "Ah, mas" e mais "Ah" sem fim. Só vencem na vida os que não metem nenhum "ah" na frente dos seus projetos. Napoleão Bonaparte atravessou os Alpes com seu exército porque não aceitou os "ah, mas" dos seus generais. Eu construí a Livraria da Mente no calçadão de Santa Maria porque derrotei o "ah" que minha mente tentou me incutir.

O abelardo não concordou:

- Se fosse tudo tão simples!

Não me contive:

- Temos que derrotar também os "se". Este pilantra chamado "Se" só existe para nos afastar das nossas metas. O "se" é uma praga. Os hospitais, os cemitérios, as falências, as casas vazias de amor, as indústrias fechadas, as lavouras abandonadas, estão com a marca fatídica do "se" no portal. Não sei se é ladainha ou procissão dos fracassados, mas a humanidade vive gritando nas ruas: "Se eu fosse mais inteligente... Se a seca não fosse tão forte... Se eu tivesse dinheiro... Se tivesse ido ao médico antes... Se meu marido não fosse tão rabugento... Se minha mulher não fosse ciumenta... Se a crise acabasse de uma vez..."

A ladainha é interminável.

Ponha o seu "ah" e o seu "se" no fogo e esqueça-os. Ou guarde-os no baú das inutilidades, pelo menos enquanto estiver lendo este livro. Nada de prevenção. Sem teimosia. Seja curioso. Seja pesquisador. Seja inteligente. Seja ousado. Conheço tanta gente que não apenas nega, como também combate qualquer ideia que não feche com sua ideologia. Não sabem o que estão perdendo – como dizia minha avó. Toda hora você encontrará fundamentalistas que riem de tudo que é espantoso, só não riem da sua ignorância. São azorragues das novidades. Só existe uma verdade, a deles. O resto é do diabo, é falsidade, é exploração. Palmas aos ínclitos e incomensuráveis homens que se dizem porta-vozes de Deus! Rsrsrsrs. Mas eu insisto: são quinze poderes verdadeiros, legítimos, indubitáveis. Quem ler até o fim, verá.

Cabeça ao alto

Chega de "sim, mas" e de "não é bem assim". Pare com esse racionalismo que o impede de avançar. A mente racional não vai além do óbvio. A mente racional tende a confrontar o que eu digo com o que ela sabe e imediatamente puxa o freio de mão: "Vade retro! Para trás! Isso está fora dos meus conhecimentos". Ela é seu advogado do diabo: procura argumentar contra. Se você não se desvencilhar das verdades do passado, como poderá tomar posse das verdades atuais e das verdades do futuro?

Tem gente que continua negando que a terra gira ao redor do sol porque está na bíblia que Javé fez parar o sol a fim de que Josué tomasse a cidade de Jericó. Não adianta dizer que se trata de uma forma usual de expressão. Ainda hoje, todo mundo continua dizendo que o sol nasce a leste e pela tardinha desce a oeste. Mas todos sabem que é a terra que gira e não o sol.

Informe à sua mente consciente que ela não sabe tudo. Avise sua mente, quando ela começa a jogar poeira no seu ventilador, que existe algo além do que ela conhece. Faça-a saber a famosa frase de Shakespeare: "Há mais coisas entre o céu e a terra do que pode imaginar nossa vã filosofia".

Se fosse dar ouvido à racionalidade, não existiria o avião, o homem não teria chegado na lua, desistiria de aportar em Marte, não escalaria o pico do Everest, não teria descoberto a América e o Brasil, não existiria a internet, nem o rádio, nem a comunicação sem fio, porque tudo isso era negado pela mente objetiva na época em que a hipótese fora aventada.

E para dar o golpe de misericórdia na sua mente analítica, diga-lhe que se mantenha no devido lugar que lhe pertence, pois seu tamanho é minúsculo em relação à dimensão da mente subconsciente e supraconsciente. Avise-a de que não é mais do que cinco por cento da mente total. É apenas o hall da mente. Que saiba o seu lugar. E o pior é que eu e você e qualquer pessoa não usamos nem metade desses cinco por cento. No entanto, são cinco por cento que abrangem bilhões de anos passados e bilhões de anos que hão de vir.

Mas, por favor, não despreze e nem demita os serviços da sua mente consciente. Ela é imprescindível. Ela é a mente criadora, pensadora, imaginadora, fantasista. Ela tem o poder da invenção. Ela faz as descobertas. Ela pode levar a conclusões fenomenais. No entanto, existe o outro lado dela, que é muito tradicional. Uma parte da mente inventa que é possível ser criada uma nave capaz de alcançar a velocidade da luz, a outra parte logo contesta raciocinando que não há como construir nave ou foguete que chegue a trezentos mil quilômetros por segundo. E quando a mente de algum cientista alcança o conhecimento dessa possibilidade, a mente consciente do resto da humanidade se entrincheira na oposição, contra-argumentando com a ciência existente até então.

Quando o cientista padre Landel de Moura criou aparelhos para mostrar a comunicação sem fio, surgiram fanáticos acusando-o de ter parceria com o diabo, invadiram seu laboratório e quebraram seus aparelhos.

Seja aberto, seja curioso, aceite desafios, imagine além da própria imaginação, levante sua voz interior, afaste as tentações negativas internas e externas, quebre a inflexibilidade da mente racional. Enfim, aceite a proposta de conhecer os quinze poderes.

É agora

Sonhar é divino, queixar-se é humano.

Tornar o sonho realidade é cumprir a Lei.

O Conhecimento é dom de Deus, a ignorância é contingência humana.

Ter certeza de que o sonho é a própria realidade antecipada é Sabedoria; admitir que há sonhos que não passam de sonhos é fechar o Caminho.

Saber que há poderes que conduzem à autorrealização é chegar à dimensão do espírito; desconhecer seus poderes é ficar à mercê dos ventos.

O primeiro passo pertence à mente. É iniciativa mental. Tarefa exclusiva da mente.

Zero passo é inércia e inércia conduz ao nada.

O primeiro passo avança, zero passo retrocede. Parar é retroceder, porque o mundo não estaciona.

Alegre-se, que agora está dando o primeiro passo, logo se seguirão outros e outros e seu Caminho será glorioso, exatamente como o Criador desejou para você.

Nada satisfaz tanto como saber-se evoluindo, progredindo, avançando.

É emocionante você descobrir que sua vida está mudando. Encanta como o nascer da aurora. E esse encantamento ilumina seu coração, faz o cérebro vibrar, e essa vibração libera hormônios prazerosos que deixam o corpo em festa.

É exultante você poder contabilizar os resultados benéficos que vão acontecendo na sua vida.

Então, não pare. Maravilhas estão à sua espera.

Você está no caminho certo. Juro. Por isso mesmo, está sendo abençoado pelo Criador, que lhe disse: "Presida a obra da criação e domine em toda terra". Presida e domine. Dois verbos fortes. Duas palavras que só podem ser ditas a quem tem poder.

Presidir, isso é competência de quem está acima das coisas, além das criaturas. Pertence a quem detém o comando e a capacidade de saber se impor através do respeito às Leis que regem a vida e o universo.

Presida. Presidente, a você foi dado o governo. Ser governante é tão grandioso quanto importante. E se traduz em responsabidade.

Em primeiro lugar, presida a sua própria vida. Ordene seus pensamentos para o bem. Cabe-lhe dominar o Bem. Domine o bem. Torne o seu mundo melhor. Seja você um mundo positivo, útil, prazeroso, agradável, iluminado. Ilumine-se e iluminará o planeta.

Domine em toda a terra – esta é a palavra de ordem: dominar. Não se esconda, não tema, não se sinta pequeno, assuma o poder. Faça. Foi-lhe dado o domínio. E, junto com o domínio, a capacidade de realização.

Agora tudo depende de si. Domine vem de dóminus, significa senhor. Seja senhor. Senhor de si e do mundo, não um indivíduo qualquer, perdido no anonimato.

As Leis que balizam o caminho

Presidir e dominar não querem dizer que você

pode fazer o que bem entende. Não é assim. Ao mesmo tempo em que recebeu o poder de presidir e dominar o mundo, recebeu, em seu Manual de Governança, as Leis que deverá cumprir:

*A Lei de que tudo que fizer, terá consequência correspondente em sua vida.

*A Lei de que retorna a você multiplicado tudo que fizer a outrem.

*A Lei de que seu pensamento acreditado produz em você a realidade do conteúdo, seja pensamento positivo ou negativo, proveitoso ou prejudicial.

* A Lei de Causa e Efeito. Esta Lei rejeita azar, sorte, fatalismo ou fatalidade. Você tem bons argumentos para acreditar no acaso, mas tudo que lhe parece fenômeno do acaso tem uma causa subjacente. E, com isso, já estou clarificando a Lei universal de Causa e Efeito. Toda causa produz necessariamente o efeito correspondente e todo efeito é consequência de uma causa. Tudo que uma pessoa é, tudo que tem, tudo que lhe acontece, toda a abundância e toda carência, toda a alegria e toda tristeza, toda saúde e toda doença, não passam de efeitos de alguma causa.

* Outra Lei universal que bombardeia frontalmente os azares da vida é a Lei da Semeadura e Colheita. Cada um colhe o que semeia. Os pensamentos, crenças, ideias, ideologias, filosofias, psicologias e teologias que você semear, obrigatoriamente colherá o fruto dessa semeadura. Por sinal, Jesus falou várias

vezes sobre esta verdade: "Pelos frutos se conhece a árvore. Nenhuma árvore boa produzirá frutos maus, nenhuma árvore má produzirá frutos bons. Cada árvore se conhece pelo seu fruto peculiar, pois não se colhem figos de abrolhos e não se vindimam uvas de espinheiros". Tudo muito claro. Verdade que atravessou mais de dois mil anos, sempre se confirmando.

Anote o que dizem os sábios: A semeadura é livre, a colheita é obrigatória.

Está percebendo que presidir e dominar só tem uma direção e nessa direção você alcança todo bem que desejar?

Lembre-se da história de Adão e Eva no paraíso: tinham poder de fazer tudo que quisessem, menos comer do fruto da árvore do bem e do mal, porque nele estava a desgraça. O que aconteceu? Eles foram na direção errada e se desgraçaram. Tivessem seguido a Lei, ainda hoje estariam no paraíso de delícias. Claro, é uma alegoria. Mas serve para você entender o que estou dizendo.

Mudar não é imitar outrem

O título dessa obra fala em poderes que mudarão sua vida. Mas, não se trata de mudar a sua vida para ser igual a mim ou igual ao seu pai ou ao seu ídolo. Nem para ser igual ao santo de sua devoção.

Eles possuem a própria matriz de origem, você possui a sua. Mude para você ser mais você. Ou melhor, mude para ser o que deveria ser, mude para ser totalmente você. Por outras palavras, mudar significa realizar o seu destino. Sua missão é tão importante quanto uma estrela no céu. No dia em que uma estrela desabar, o estrago será imenso, toda a galáxia terá que se recompor para ocupar o lugar vago e recapturar a harmonia. Não apague sua estrela.

Mudar é o contrário de imitar. Mudança exige originalidade, imitação é querer ser igual. Na vida religiosa, é comum a pregação que incentiva a imitação de Jesus, de Nossa Senhora, do santo fundador, do santo padroeiro. Fomos feitos seres originais, por isso não cabe imitação, pois equivaleria a ser igual ao outro. Ora, havendo dois iguais, um estará sobrando. Você é você e não um clone de alguém. Certos diretores espirituais querem transformar uma comunidade numa massa uniforme. Os que obedecem perdem a identidade original.

Mudar é ser mais você mesmo. Para tanto, isto sim, você é convidado a colher exemplos que o inspirem à perfeição de si mesmo. Jesus nunca disse: Sede iguais a mim. Nossa Senhora jamais pediu que a imitassem. Alguma vez Santo Antônio sugeriu que fôssemos iguais a ele? Então, mude para ir ao encontro de sua própria identidade mais elevada. Mude para alcançar os objetivos que ainda não conseguiu.

Como?

Conhecendo o caminho mais fácil e mais simples, o Caminho do Poder e da Sabedoria.

Jamais o Criador lhe daria missão impossível. Nem mesmo difícil. Esses pregadores que fazem sua vida complicada, íngreme, não falam sobre Deus, estão falando de si mesmos.

Neste livro, você porá as mãos em quinze poderes. Podem não ser os únicos. Mas, quinze não é pouco. Não lhe garanto que existam outros, mas esses estão à sua disposição. Se descobrir mais poderes imanentes no ser humano, me avise, que acrescentarei.

Quinze poderes, que fantástico! Para quem não conhecia nenhum, é um grande achado.

Quinze poderes, uns mais fortes, outros mais fracos, uns sendo totais, outros parciais, uns mais poderosos, outros menos, mas todos com potencial realizador. Comece usando um ou dois, quem sabe três. Ou ponha em prática os mais simples para o seu gosto. Se for do seu agrado, passe a usar desde logo os que mais acredita. Ou aquele que tocou mais fortemente a sua sensibilidade. Pode ser que prefira os que têm a ver com sua crença religiosa. Sim, ótimo. Mas, de repente, você se empolga e alinha todos eles, colocando-os sob seu comando. Você comandando um exército avassalador. Tudo é possível.

Também não posso negar que exista alguém

que analise os quinze poderes e hesite em seguir algum. Mesmo que esta hipótese lhe aconteça, nem por isso desaproveitou a leitura. Vai ficar tudo em hibernação, ou em germinação, até haver terreno propício. Garanto-lhe, no entanto, que a sua mente estará muito satisfeita, impregnada de autoconfiança, e você sentirá uma energia como jamais acontecera até então.

Primeiro poder

Poder da Mente

O repositório do Supremo Poder da Mente é o espírito, também conhecido como Ponto de Deus, Fagulha divina, Fonte.

Se você está cansado de ler sobre o Poder da Mente, vá para o seguinte. Começo com esse poder porque é o mais visado, o mais badalado, o mais confrontado, o mais polemizado, o mais significativo, o mais eficaz. Talvez até se possa dizer que ele açambarca os demais poderes. O Poder da Mente situa-se entre os arcanos maiores.

Antes de tudo, devo esclarecer que Poder da Mente não é poder do cérebro. Cérebro não é sinônimo de mente. O cérebro é um órgão físico e tudo que é físico tem limites. A glória do cérebro consiste em que é aparelho essencial para que a mente funcione aqui nesta vida. É como um computador: pode conter o conhecimento universal, mas isso acontece porque alguém o colocou nele. Vá num laboratório medicinal onde um cérebro esteja em conservação e me diga se ali existe alguma capacidade criadora. Um cadáver tem cérebro, mas não funciona, porque a mente já não está mais lá. Também, com certeza nada mais conserva armazenado.

A mente transcende o universo físico. O poder

criador só pode ser exercido pela mente. O pensamento e todos os processos criadores são mentais.

Mas, a mente é poder?

Existe o poder da mente?

Através da mente, podemos alcançar a realização dos desejos?

Tudo que ocorre na mente tende à materialização?

Boas perguntas. O questionamento é o caminho da Sabedoria. Antes de tudo, é necessário desvendar os arcanos da mente até onde se sabe, ou, pelo menos, até onde eu sei.

A mente é uma só, mas nela se distinguem três dimensões:

Mente consciente.

Mente subconsciente.

Mente supraconsciente.

Mente consciente

A dimensão racional, objetiva, analítica, seletiva, criativa, chama-se mente consciente. É a parte da mente que pensa, analisa, raciocina, imagina, deseja, cria, censura, capta pelos sentidos, reza, canta, medita, visualiza, contempla.

Também podem ser incluídos nessa dimensão o sentimento, o afeto, o amor, a felicidade, a paz, a compaixão, a bondade, a solidariedade, a raiva, o ódio, a tristeza, o desânimo, a depressão. São atributos do coração afetivo para efeito de distinção, mas perfazem o todo da mente consciente.

Mente subconsciente

É a mente executiva. Sua função é executar, realizar, tornar realidade física, materializar, as ordens que recebe da mente consciente. Portanto, a mente subconsciente é subjetiva, impessoal, não analítica, não criadora e não seletiva.

A mente consciente cria, a mente subconsciente executa.

O subconsciente é, por assim dizer, o gigante da mente, a dimensão maior da mente, a força todo-poderosa da mente. É o motor possante do navio que avança sobranceiro, só que a mente consciente é o comandante do navio, que determina para onde deve se dirigir esse vigoroso transatlântico humano.

Pensamento

A mente consciente pensa e o subconsciente realiza o conteúdo do pensamento.

A mente consciente imagina e o subconsciente materializa a imagem.

O pensamento cria, o desejo atrai, a fé garante, o subconsciente executa.

Como se vê, o pensamento, nas suas variadas formas, é o personagem principal deste processo.

É interessante notar que o subconsciente não seleciona apenas seus pensamentos bons, felizes, úteis e produtivos. Todo pensamento acreditado, seja bom ou mau, benéfico ou maléfico, feliz ou infeliz, invade a mente subconsciente exigindo a materialização.

Mente consciente/pensamento/mente subconsciente são os três pilares que fazem os fundamentos da ciência do Poder da Mente.

A conclusão simples é esta: nós somos e temos o que pensamos.

Quer saber qual é o efeito do pensamento na sua vida?

Posso dizer que sua vida é a comprovação de que você é resultado de seus pensamentos, sentimentos e crenças. Entre na sua casa e olhe para qualquer lado: verá que aquele objeto, aquele tapete, aquele vaso, aquele quadro, aquela mesa, aquele sofá, enfim cada coisa está ali porque alguém a pôs. E para colocá-la teve que pensar: "Vou comprar isso, vou dispor ali, vou fixar acolá". Sua geladeira não apareceu do nada, nem sua televisão. Pensar é ser e ter.

Pensar é poder.

Esclareço melhor: o pensamento não é o poder, apenas o aciona. O pensamento fustiga o poder.

Relembrando, o pensamento é o comandante que determina para onde o navio deve seguir.

Como o pensamento aciona o poder e o poder age por ação do pensamento, muitos resumem que pensamento e poder são duas faces da mesma moeda.

Norman Vincent Peale e Joseph Murphy são dois mestres do Poder da Mente. O best-seller de Peale é "O Poder do Pensamento Positivo" e o best-seller de Murphy é "O Poder do Subconsciente". Se quiser mais uma maneira diferente de dizer a mesma coisa, cito meu best-seller: "O Poder Infinito da Sua Mente".

Formas de pensamento

Palavra é vocábulo que significa a manifestação do pensamento.

Ideia é um conjunto de palavras que formam um pensamento organizado.

Imaginação é uma forma de pensamento expressado por imagem.

Visualização é ver mentalmente uma realidade material, mental ou espiritual.

Oração é o pensamento que se relaciona com a esfera sobrenatural.

Canto é o pensamento manifestado por palavras musicadas.

Meditação é estado interior em que o silêncio mental toca a Fonte do conhecimento, da sabedoria e do poder.

Contemplação é a descida às profundezas de si mesmo, onde reside o encantamento, o sentimento prazeroso e a harmonia cósmica.

Desejo é o pensamento que expressa ambição, necessidade, meta ou querer.

Sonho é um desejo grandioso positivo acalentado intimamente, na expectativa de que aconteça.

Ideal é uma aspiração mental e espiritual transcendente, nunca plenamente atingível, que gera entusiasmo e motivação.

Ideologia é uma filosofia de vida com base num conjunto de ideias pessoais ou de grupo.

Crença é uma forma consagrada de pensar, pessoal ou de grupos, sem comprovação científica, baseada em autoridade, tradição, usos, costumes, religião, pensadores, místicos, profetas.

Dogma é a crença absoluta e irretorquível de uma verdade religiosa.

Interpretação é a visão pessoal ou de grupo filosófico, social, psicológico, político, ideológico, religioso, a respeito de algo.

No âmago de tudo, o pensamento.

Lembrando: Você é o que pensa. Não são os fatos que fazem a sua vida, mas a sua interpretação dos fatos. Pensar positivamente é ver sempre o lado bom e benéfico de tudo.

Otimismo é estado mental que acredita em futuro sempre benfazejo.

Pessimismo é forma de pensar negativa, que desacredita do presente e do futuro.

Realismo é maneira de pensar fundamentada em fatos.

E o Supraconsciente?

Com o andar do tempo, senti necessidade de acrescentar mais uma palavra para facilitar a compreensão total do Poder da Mente: o Supraconsciente.

Supraconsciente é a dimensão mais alta da mente. É o cume da montanha mental. O ponto máximo. É o Supremo Poder da Mente. O repositório do Supremo Poder da Mente é o espírito, também conhecido como Ponto de Deus, Fagulha divina, Fonte. Por outras palavras, o Supraconsciente – já agora com letra maiúscula – é o Espírito, o Pai, Deus, o Poder, a Sabedoria, o fator Divino. Por isto, se chama: espírito santo. Mas, o nome você o dará de acordo com sua forma de pensar e crer. Dê o nome que quiser e imagine como quiser, mas não perca de vista a essência dessa verdade.

Para simplificar, Supraconsciente é o espírito e o espírito é a dimensão divina do ser humano. Pelo espírito somos imortais. No espírito está o Poder e a Sabedoria imanentes. Quanto mais próximo o ser humano chegar do Ponto Divino, mais abrangente será sua sabedoria, seu poder interior, seu estado harmônico com todas as criaturas e com Deus.

O espírito não é propriedade nem caraterística

pessoal de alguém. É genérico. Comum de todos. É a Luz divina imanente em todas as criaturas. Os que nada sabem sobre esta dimensão, vivem na escuridão, e na escuridão concluem que o ser humano é nada, pó da terra, projeto inacabado, incapaz. Felizes os que abrem portas e janelas para o sol do espírito brilhar. Extraordinários os que sobem a montanha para desfrutarem a plenitude do sol.

O espírito é Poder, Sabedoria e Imortalidade. Abrir a casa da mente e do coração para chegar à dimensão do espírito depende de cada um. Os mestres mostram-lhe a porta, mas só você poderá abri-la.

Poucos são os que escalam o mais alto nível mental, que é o nível espiritual. Talvez se possa dizer que ninguém tem alcançado a plenitude do espírito, até hoje. Muitos estão distantes, outros mais próximos. No entanto, existe essa possibilidade.

Vamos usar uma comparação grotesca para que você entenda o assunto: você é a sua mente e sua mente é a sua dimensão pessoal na escala do espírito. Quanto mais sua mente se elevar, mais próxima chegará da plenitude do espírito e mais Poder e Sabedoria descerão à sua mente pelo canal espiritual.

Usar o poder a favor ou contra alguém funciona?

Muita gente se coloca esta questão:

- Se todos têm poder e poder para tudo, esse poder pode ser usado contra alguém? Nesse caso, rogar praga, fazer um trabalho para prejudicar uma pessoa, ou fazer feitiço, pega ou não pega?

- Explico: Todos têm poder. Foi dito. Ora, se todos têm poder, há empate. Quer dizer: o meu poder, que é infinito para mim, termina onde começa o poder do outro, que é infinito para ele. O mal que for infligido a você através da mente de outrem, não tem poder sobre você porque o seu poder sobre si está acima de qualquer outro poder. Você é seu maior e supremo poder, contra o qual nada nem niguém pode.

Um detalhe esclarecedor: O mal que os outros lhe desejam vem a você quando o aceita, ou acredita, ou tem medo. Mas, mesmo nesse caso, o mal lhe acontece não pelo poder do outro, mas pelo seu próprio poder mental, pois, ao aceitar, ou ao acreditar, ou ao ter medo, você está criando o fato na sua mente e tudo que você cria na mente, pela ação do seu pensamento, se torna realidade física.

Concluindo: Ninguém tem poder sobre você a não ser você mesmo. Maravilha. Que tranquilidade! Você foi feito com um para-raios invisível, que o defende de todo mal. Deus é sábio. Se os outros tivessem poder sobre si, é óbvio que você não seria autor de sua vida, pois estaria ao sabor da vontade boa ou má de qualquer pessoa, o que seria um horror e um absurdo, convenhamos.

Toda mensagem positiva, otimista, boa, benéfica, benfazeja, vinda de fora, aceite-a, que lhe fará bem.

Toda mensagem pessimista, negativa, maléfica, maldosa, vinda de fora, rejeite-a. Você é dono de si mesmo. Tem o poder de Deus a seu dispor. Jamais dê importância a qualquer ameaça de feitiço ou coisa que valha.

Você e o Deus que habita o seu secreto são a Força todo-poderosa contra a qual nada nem ninguém pode.

Encontro e muitas perguntas

Estava diante da esteira, à espera da minha mala, no aeroporto Salgado Filho, de Porto Alegre, quando veio a mim um senhor bem apessoado, terno azul-marinho, gravata cinza com pintas vermelhas, e me sorriu, com certa dúvida:

- Você é...

Acostumado a este tipo de abordagem, brinquei:

- Sou o próprio, ao vivo e a cores.

Cumprimentou-me, disse ter lido os livros "O Poder Infinito da Sua mente" - "Você Consegue" - e "Sem Pensamento Positivo não há Solução". Mas, nessa viagem, lera um livro que negava o Poder da Mente e a força do pensamento positivo.

- Acontece. Cada cabeça uma sentença, diz o ditado.

- Veja só – animou-se ele – a escritora afirma que o pensamento positivo e o otimismo são incapazes de vencer qualquer combate.

- E você? – devolvi-lhe a palavra.

- A lógica me diz que o único meio de vencer qualquer combate é exatamente o pensamento positivo e o otimismo, porque o pensamento positivo faz avaliação proveitosa da situação e o otimismo indica quais os passos a serem dados para vencer. O negativismo não dá nenhum passo à frente e o pessimismo já é um derrotado, pois não acredita nas possibilidades de êxito. Resultado é estagnação e fracasso.

- Por sinal – acrescentei – o Mestre já dizia há dois mil anos que somente a árvore boa pode dar bons frutos.

- Outra coisa – avançou o homem, remexendo a gravata – a autora do livro informa que a ideia de que visualizar sonhos como já realizados não é caminho para chegar ao fim desejado.

Sorri complacente:

- Nesse caso, ter-se-ia que avisar aos arquitetos que o projeto da casa sonhada impede a construção. E solicitar aos artistas, escultores, escritores, cineastas, teatrólogos, que parem de visualizar suas obras. Quando perguntaram a Michelangelo como conseguiu esculpir aquele David fantástico de mármore, com mais de quatro metros de altura, em 1504, ele respondeu que só o que fizera fora aparar as arestas. Shakespeare e Beethoven não visualizaram suas obras?

O homem completou:

- Seria bom que a autora do livro visitasse Disney World e ouvisse de Walt Disney: "Se você pode sonhar, pode realizar".

Recolhi a mala da esteira e o homem continuou:

- Tem mais: Aquela obra avisa que relaxar e aproveitar o sonho não é positivo porque rouba a energia e tira a motivação para seguir o difícil caminho de conquista dessas metas na vida real. Argumenta que é preciso trabalhar duro na vida. E conclui que sonhar não é agir.

Tive que rir:

- Bom, afirmar que relaxar e mentalizar rouba a energia, chega a ser surreal. O relaxamento produz os seguintes resultados benéficos:

* Combate envelhecimento precoce, insônia, cansaço, ansiedade e desequilíbrios emocionais.

* Melhora a concentração, o raciocínio, a me-

mória e produz clareza de pensamentos.

* Desenvolve criatividade, percepção, autoconfiança e faculdades mentais mais elevadas.

* Equilibra o metabolismo, a pressão arterial, o ritmo cardíaco e a frequência respiratória.

* Regula os hormônios produzidos pelo corpo, gerando saúde e bem-estar.

* Proporciona descanso de seis a oito vezes maior que o sono, gerando mais energia.

- Maravilha! – exclamou o homem.

- Além de tudo – completei - no estado de relaxamento, chamado nível alfa, quando a ciclagem cerebral chega a dez ciclos por segundo, mais ou menos, amplia-se o campo da inteligência, da memória, da criatividade, do poder, da sabedoria, da intuição, do equilíbrio mental e emocional, assim como ilumina o discernimento e favorece a harmonia entre corpo/mente/coração e espírito. É por isso que o relaxamento meditativo propicia sensação de paz completa, além de ser propulsor de energia e força vital. Quando a meditação evolui para a mentalização, faz contato com a energia do universo, e, nesse caso, como dizem os sábios, o universo conspira a favor da realização no plano físico dos desejos mentalizados.

- Tudo isso? – espantou-se o homem.

- Tudo isso e um pouquinho mais.

- Você falou que o universo conspira a nosso favor, mas a escritora psicóloga diz que isso não existe.

- Cada um diz o que quer. Vou apenas citar-lhe um respeitável pensador alemão, chamado Wolfgang von Goethe, até hoje considerado o mais importante escritor alemão, cuja obra influenciou a literatura de todo o mundo: "Se tu estás verdadeiramente comprometido com tua meta, o universo inteiro conspira a teu favor para que apareçam os instrumentos e pessoas que te permitirão consegui-lo".

O moço parecia muito contente com as explicações e comentou:

- E essa história de que a vida é complicada, o caminho é difícil e se faz necessário trabalho duro?

- É muito desconhecimento da psicologia humana. Todos os psicólogos que conheço dizem: Sempre que uma pessoa faz o que gosta e busca o que ama, para ela o trabalho será prazeroso. Digo, inclusive, que aquele que ama o que faz, não trabalha, se diverte. Ora, gostar do que faz, ter prazer na atividade profissional, não é caminho difícil e nem trabalho duro. Emile Coué escreveu, com experiência e sabedoria: "Sempre que você fizer alguma coisa pense que é fácil, pois se pensar que é difícil o subconsciente vai cumprir para que seja difícil". Pergunte às pessoas da Mangueira, da Beija-flor, da Portela e das outras escolas, que se dedicam o ano inteiro a preparar o desfile do próximo carnaval, se estão dando duro e percorrendo um caminho difícil ou fazem tudo com a alegria de degustar desde já a apoteose do desfile na Sapucaí? Estou carregando pedras para a construção de uma gruta com cascata, no meu sítio, e o faço com o grande prazer de ver meu sonho se realizando.

- É, você tem razão – sorriu o homem, sacudindo a cabeça.

- Meu amigo – continuei – é preciso mudar de perspectiva, ver tudo com olhos iluminados e coração sonhador, pois assim não existirá caminho difícil e nem trabalho duro.

Aquele senhor, já bem à vontade, soltou o nó da gravata e se aventurou:

- Desculpe roubar o seu tempo, mas só mais uma pergunta: Dizem que sonhar não é agir, pois o sonhador se perde nos sonhos e não faz nada.

Encostei a mala junto de mim e dei-me tempo de anotar para ele os onze passos para o sucesso:

1. Saiba o que deseja. Qual é o seu sonho? Foque a atenção no seu projeto. Se não souber para onde vai, não chegará a lugar nenhum.

2. Acenda a motivação. Sinta entusiasmo. Ame o seu projeto. Sem motivação, será difícil e dura a realização, se conseguir.

3. Acredite no êxito. A fé move montanhas.

4. Adquira conhecimentos sobre o projeto e sua execução. Não cometa os mesmos erros que os outros já cometeram e aproveite os conhecimentos dos que já têm experiência.

5. Planeje. Organize a estratégia e as etapas. Foco na meta.

6. Criatividade. Ponha no projeto algo mais que os concorrentes não têm.

7. Ação. Agora é hora de agir. O poder não funciona se não tem sobre o quê funcionar.

8. Agradecimento. Atitude de gratidão, em primeiro lugar ao Criador, depois a todos os que contibuem para o sucesso do seu empreendimento.

9. Avaliação semanal ou mensal. Não perca o foco.

10. Persistência. Eis o grande fator de sucesso. Manter o foco.

11. Ser feliz, cuidar da saúde, cultivar bons relacionamentos que acrescentem e dar importância à família.

Era de ver a alegria daquele senhor que, até hoje, não sei quem era, o que fazia, nem onde morava. Saber para quê? Havia coisa melhor do que deixar alguém contente e cheio de belas perspectivas existenciais?

Segundo poder

Poder da Fé

"Quanto ao poder, quem
tem fé tudo pode".
Jesus.

Quem revelou o poder da fé foi Jesus Cristo, há dois mil anos.

E disse quanto pode a fé: Tudo.

Afirmações dele:

* "Quanto ao poder, quem tem fé tudo pode". (Mc 9, 14-29)

* "Porque, em verdade vos digo que qualquer que disser a este monte: Ergue-te e lança-te no mar, e não duvidar em seu coração, mas crer firmemente na realização da sua palavra, tudo o que disser lhe será feito".(Me,11; 23)

* E disse Jesus : "Se tivésseis fé como um grão de mostarda, diríeis a esta amoreira: Desarraiga-te daqui, e planta-te no mar; e ela vos obedeceria". (Lc 17;6)

* E Jesus lhes disse: "Por causa de vossa pouca fé; porque, em verdade vos digo que, se tiverdes fé

como um grão de mostarda, direis a este monte: Passa daqui para acolá, e há de passar; e nada vos será impossível".(Mt,17;20)

* "Em verdade, em verdade vos asseguro que aquele que crê em mim fará também as obras que Eu faço e outras maiores fará, pois eu vou para o meu Pai". (João, 14,12)

* "E assim, seja o que for que vós pedirdes em meu Nome, isso Eu farei, a fim de que o Pai seja glorificado no Filho". (João,14,13).

* "E estes sinais seguirão aos que crerem: Em meu nome expulsarão demônios; falarão novas línguas; Pegarão em serpentes; e, se beberem alguma coisa mortífera, não lhes fará dano algum; e porão as mãos sobre os enfermos e os curarão". (Mc 16:17-18).

* "Pedi e vos será concedido; buscai e encontrareis; batei e a porta será aberta para vós. Pois todo o que pede, recebe; o que busca, encontra; e a quem bate, se lhe abrirá". (Mt,7,7).

* "Sendo assim, seja o que for que pedirdes ao Pai em meu Nome, Ele o concederá a vós". (João,15,16)

* "Pois Eu verdadeiramente vos asseguro que tudo o que pedirdes ao Pai, Ele o concederá a vós, em meu Nome. Até agora nada pedistes em meu Nome. Pedi e recebereis, para que a vossa felicidade seja completa". (João,16,23-24)

* "Se vós pedirdes algo em
meu Nome, Eu o farei".
(João,14,14)

* "Ou qual dentre vós é o homem que, se porventura o filho lhe pedir pão, lhe dará uma pedra? Ou, se lhe pedir um peixe, lhe dará uma cobra? Ora, se vós, que sois maus, sabeis dar boas dádivas aos vossos filhos, quanto mais vosso Pai, que está nos céus, dará boas coisas aos que lhe pedirem!" (Mt, 7:9-11).

* "Olhai as aves do céu: não semeiam, nem colhem, nem guardam em celeiros; vosso Pai celestial as sustenta. Porventura não sois muito mais do que elas? Considerai como crescem os lírios do campo; eles não trabalham nem fiam; digo-vos que nem Salomão, em toda a sua glória, se vestiu jamais como um deles. Pois se ao feno do campo, que hoje existe e amanhã é lançado no forno, Deus veste assim, quanto mais a vós, homens de pouca fé!" (Mateus, 6, 25-34).

* "E tudo o que pedirdes em oração, crendo,

o recebereis".(Mt,21,22).

* Disse-lhe Jesus: "Não te disse eu que, se creres, verás a glória de Deus?" (João 11;40).

"Nada vos será impossível". (Mt 17,21).

Depois de todas essas afirmações claríssimas e categóricas de Jesus, ficam evidentes três verdades:

1.Jesus falou sobre o poder da fé.

2.O poder da fé é total, podendo ser usado para qualquer objetivo.

3.Este poder é desencadeado pela palavra acreditada.

Pode-se dizer que a definição de fé dada por Jesus explicita-se nesta frase:

"Crer firmemente na realização da sua palavra", definição que corresponde exatamente à que foi dada pelo Apóstolo Paulo, na sua carta aos hebreus, 11,1:

"A fé consiste na firme confiança daquilo que se espera e na convicção daquilo que não se vê".

Questões

O que se pode conseguir pela fé, segundo as palavras de Jesus?

- Tudo. Tudo mesmo, não apenas valores espirituais. O que uma pessoa puder desejar, pode alcançar.

"Seja o que for que desejardes".

"Quanto ao poder, quem tem fé tudo pode".

Significa que você pode conseguir casa, carro, campo, casamento, felicidade, saúde, prosperidade, bem-estar, viagens, máquinas, equipamentos, enfim o que puder imaginar. Você é seu único limite. Não sou eu que estou afirmando, é Ele.

- O que Jesus realizou pelo poder da fé?

- Curou toda espécie de enfermidade; restabeleceu a saúde de enfermos terminais; ressuscitou mortos; corrigiu defeitos físicos, como paralisia, cegueira, surdez, mudez; acalmou os ventos, as tempestades, as ondas revoltas do mar; multiplicou pães e peixes cozidos; propiciou pesca abundante quando os pescadores nada conseguiram durante a noite toda; retirou dinheiro da guelra de um peixe para pagar imposto do Templo; curou dementes e psicóticos; previu o futuro; leu o que se passava no coração de pessoas.

E disse que "se tivermos fé, faremos as obras que Ele fez e obras ainda maiores".

A pergunta que segue é esta: Quais as condições para exercer o poder da fé?

- Nada mais que crer firmemente na realização da palavra. Crer firmemente. Crer é essencial. A fé não admite negativismo, descrença, hesitação, dúvida, medo, retorno, desinteresse. É a palavra definitiva. Eis a razão porque pouca gente tem fé: sempre fica aquela duvidazinha no coração, e essa duvidazinha é água no combustível, dissolve o poder.

- Como se sabe se faltou fé no pedido feito?

- Quando não aconteceu o que foi desejado. O Apóstolo Tiago avisou: "A fé sem as obras é morta". Não havendo o resultado, não houve fé. Fé morta é fé inexistente.

Outra questão:

- O atendimento do pedido depende de merecimento, ou de ser católico, ou de sacrifícios e rezas?

- O receber depende única e exclusivamente do que Jesus disse ser necessário: fé. E "fé consiste – volto a repetir o apóstolo Paulo – na firme confiança daquilo que se espera e na convicção daquilo que não se vê". Ou conforme outras traduções de Paulo: "A fé consiste na posse antecipada daquilo que se espera, um meio de demonstrar realidades que não se veem". Vale dizer que a convicção é tão absoluta que a pessoa já toma posse mentalmente. E a posse mental faz necessariamente a posse física, ou seja, materializa-se. A posse mental é a substância que se reveste da forma material.

Mas, é válido tudo que a pessoa fizer para solidificar e fortalecer sua fé, como, por exemplo, peregrinação, rezar tantos rosários, percorrer de joelhos algum espaço espiritual, realizar sacrifício com essa intenção, acender velas, fazer novenas ou promessas. Essas atitudes têm valor apenas para fortalecer a fé, não para alcançar o objetivo. A fé é tão simples, tão simples, que até hoje pouca gente acredita. Nada mais exige que a adesão total e perfeita da mente.

Há religiões que falam em milagres como resultado de sacrifícios, penitências, doações, conversões, vida austera. Nada disso importa. Importa a fé. Na história de Jesus, ele sempre insistiu que as coisas não aconteciam unicamente por falta de fé: "Por que temestes, homens de pouca fé?" – recriminou ele os discípulos que se desesperaram durante a tempestade no Mar da Galileia. "Oh, raça de incrédulos!" – exclamou para os discípulos que não conseguiram curar o garoto que sofria de ataques epilépticos.

A única dificuldade é acreditar que a palavra produza a realidade do seu conteúdo. A c r e d i t a r. Acreditar. Este é o segredo. A poção da fé – para usar uma comparação singela – não aceita nenhuma mistura. É a palavra pura.

- E se a fé for pequena? – perguntará você.

Jesus explicou que basta a fé de um grão de mostarda. A semente de mostarda é minúscula, eu a conheço. É muito pequena, mas é íntegra, sem mistura, sem poluição.

A mente humana é muito fluídica e sensível a

variações sutis, de tal forma que nem sempre a fé suposta é fé total. Mas o que importa é praticar e praticar e praticar o exercício do poder através da fé.

Aja como se tivesse fé e essa determinação finalmente tocará na corrente elétrica do poder e acenderá a luz. Então, os efeitos serão maravilhosos.

Quando Thomas Alva Edison descobriu a lâmpada elétrica e prometeu iluminar Nova York, havia muitos, talvez a maioria absoluta, que achavam impossível essa empreitada do inventor. No entanto, num simples apertar de botão, Nova York acendeu as luzes pela primeira vez na história do planeta.

O grande atraso da humanidade está no desinteresse em estudar o poder da fé. Até hoje esse poder é considerado assunto de religião, coisa de crença espiritual, algo apenas simbólico que visa incrementar a prática religiosa. Nada além das paredes da igreja. Fé, no entanto, transcende a religião, trata-se de Lei Universal ditada pelo Criador e revelada por Jesus. Mas, também se poderia dizer que quinhentos anos antes de Cristo o sábio Confúcio ensinava:

"O homem superior busca em si mesmo tudo que quer, o homem inferior vai buscar nos demais".

Como criar fé?

Voltando ao assunto: Que fazer quando a fé for minguada?

Primeira resposta: O conhecimento fortalece a fé. Nihil vólitum nisi praecógnitum, diz a sabedoria latina. Ninguém quer o que não conhece. Nada é desejado se não for conhecido. Leia os evangelhos, leia obras sobre a fé. Eu mesmo escrevi três livros abordando esse tema revolucionário: "A Fé que Remove Montanhas" - "A Fé Pode Tudo, mito ou verdade?" - "O Poder da Fé".

Segunda resposta: Reveja as vezes em que conseguiu objetivos porque acreditou que conseguiria. Isso é experiência de fé.

Terceira resposta: Analise tantos casos de fé cujo resultado foi obtido por pessoas que vivem no seu círculo. Lembre os testemunhos maravilhosos que ouviu. Se os outros puderam, você também pode. Ninguém é mais do que ninguém. Você pode. Fé não é patrimônio de religião ou de certas pessoas privilegiadas, mas faz parte da essência humana. A diferença está em que muitos a usam, outros não acreditam.

Quarta resposta: Aja como se tivesse fé. Mesmo sendo dominado pelo desânimo e pela descrença, aja como se tivesse fé. Pela lei do "batei", a porta da fé se abrirá.

Quinta resposta: Visite lugares de fé, como Santuários, Lugares Santos, igrejas consideradas milagrosas, santos de forte devoção popular. As atitudes desses devotos podem desencadear a sua fé, como tem acontecido com tanta gente ateia e descrente.

Suponhamos que você esteja sofrendo doença incurável segundo seu médico. Em primeiro lugar, não existe nada incurável. Doença é efeito. Se você tem tal enfermidade, você é a causa. Mude a causa e mudará o efeito. Examine-se para perceber qual é a desarmonia que está perturbando sua mente e seu organismo. Perdoe-se e perdoe. Pronto, eliminou a causa. Agora, crie nova causa: a saúde, o perfeito funcionamento do seu ser na justa e reta ordem. Visualize seu corpo como um todo perfeito e, em especial seu órgão doente regenerado, os vírus indo embora, e o organismo funcionando à maravilha.

Você tem dúvida de que possa acontecer? A palavra incurável está vergastando sua fé? Como quase sempre acontece, você está diante de um desafio travado entre a razão e a fé. Assista a esse fascinante duelo interno. Depois, apite o final do jogo e decida que a fé foi vitoriosa.

Talvez você tenha resistências à religião. Quando entra assunto de religião pode ser que seu íntimo reaja contra. Pois bem, agora tenho a alegria de lhe avisar que a fé não é apenas revelação de Jesus. É também Lei natural universal: Tudo que você espera confiante que aconteça, acontece. Essa é a Lei.

Toda expectativa positiva forte tende à materialização.

Tudo que você acreditar irredutivelmente se materializa.

Ainda duvida?

Duvide, mas não negue. Não seja retrógrado.

Um dia, todos chegaremos ao exercício dessa bênção divina.

Houve tempo em que só se sabia andar a cavalo, mas o sonho do veículo terrestre, do avião impossível, da viagem à lua, e tantos outros, aconteceu.

Houve época em que grupos pseudocientíficos e religiosos combatiam duramente o Poder da Mente que eu ensinava, achando que era charlatanismo, porque prometia o impossível, segundo eles. Sequer imaginavam que Jesus já tinha se antecipado a mim por mais de dois mil anos. Muitos jornalistas se arrogavam o direito de saberem tudo e combatiam gloriosamente o poder da mente e da fé. Mas, a evolução não depende de inteligências apenas razoáveis.

A ciência, principalmente a medicina, torce a cara quando se fala em cura milagrosa. Hoje nem tanto. Mal sabem os doutores da saúde que o médico trata da ferida, mas quem cura é Deus, ou seja, é o poder curador existente nas dimensões subconscientes do ser humano. Várias vezes você tem lido em laudos médicos: "A cirurgia foi perfeita, o paciente morreu".

Há círculos teológicos que não gostam que se fale em Poder da Mente, nem em Poder da Fé e menos ainda em Poder do Milagre. Estão retirando do ser humano o que há de mais essencial e divino. Mas, felizmente, a realidade não obedece aos arrazoados. Contra os fatos não valem argumentos – aprendi na filosofia. E o Poder da Mente continua produzindo efeitos, a fé continua fazendo maravilhas e o milagre continua acontecendo.

Terceiro poder

Poder do Coração

Quando você quer chegar infalivelmente a bom termo em qualquer empreendimento, ausculte seu coração: se houver entusiasmo, pode cantar vitória.

O coração afetivo é um poder tão desconhecido quanto subestimado. Talvez seja o poder dos poderes. A convicção, o conhecimento, a orientação, os conselhos, as doutrinas, as obrigações, os deveres, podem esbarrar na força do sentimento.

O coração afetivo é um amálgama de fé, entusiasmo, felicidade, motivação e amor. Que fantástico! Imagine você acalentar um sonho incendiado pelo amor, pelo entusiasmo e pela fé. Verdadeiramente remove montanhas e faz milagres.

A mente dita as regras, mas o coração move à ação. Você pode estar convicto do que deve fazer, mas o coração voltado para o contrário vencerá a disputa.

O coração vence a depressão e o coração gera depressão.

O coração faz a felicidade e o coração faz a infelicidade.

O coração move à bondade e o coração move à maldade.

O coração faz grandes santos e o coração faz grandes bandidos.

Blaise Pascal já dizia que "o coração tem razões que a própria razão desconhece". Significa que o coração tem seu próprio caminho, tão poderoso quanto uma avalanche.

Os sonhos buscam a realização porque sonhar é próprio do coração.

O amor vence barreiras porque amar é energia do coração.

O heroísmo escala as maiores alturas porque heroísmo é qualidade do coração.

Quando você quer chegar infalivelmente a bom termo em qualquer empreendimento, ausculte seu coração: se houver entusiasmo, pode cantar vitória. Entusiasmo – já disse – é energia do coração.

Por que uma pessoa não se liberta de sua depressão? Exatamente porque colocou seu coração na depressão: fica ruminando sentimentos e emoções que não fazem bem.

Por que uma pessoa se liberta da depressão, do desânimo e do fracasso? Justamente porque seu coração foi incendiado por uma nova perspectiva.

Racionalmente, você pode saber que tem poder, que Deus está com você, que tem condições de realizar-se e de seguir seus ideais, chegar aos seus objetivos, superar dificuldades e sofrimentos, mas se o coração diz não, você empacará. Se o coração for inundado de motivação, pode ter certeza de que vencerá com galhardia.

Você pode saber os dez mandamentos, respeitar a doutrina da sua religião, conhecer os compromissos do casamento, mas tudo acontecerá de acordo com os ditames do coração.

Você pode rezar dez horas por dia, obedecer as regras da sua teologia, cumprir as exigências da sua crença, mas saiba que, como disse São Cipriano, "Deus não escuta a voz, mas o coração". Deus não presta atenção aos sons, mas ao coração, porque nele está a sua verdade pessoal.

Suas preces e seus cantos e sua voz podem enganar seres humanos, mas não enganam a Deus, porque ele lê o seu coração. Isto significa que é muito importante você ouvir seu coração.

Quer saber como está sua relação com Deus? Ausculte seu coração.

Deseja conhecer seus sentimentos? Ouça seu coração.

Quer ouvir a voz de Deus? Vá ao seu coração, que lá encontrará "O Pai que habita seu secreto", como ensinou o Mestre.

Que valor dá você à vida? Sem dúvida, sua vida tem o valor, a beleza, a alegria, a grandeza, que o coração lhe der. Aí está porque uns amam a vida, outros se aguentam na vida e outros mais detestam a vida. Procure a causa no coração.

Se um dia a catástrofe se abater sobre você, levando-o a querer desistir, e seu coração mandar lutar e seguir em frente, lute, porque não é a razão que bate para você viver e sim seu coração físico movido pelo seu coração afetivo.

Saint Exupéry escreveu uma frase, que nunca mais esqueci: "Nas horas graves, os olhos ficam cegos; é preciso então enxergar com o coração".

Nunca apague a luz do coração, senão a escuridão derrotará você.

Eu sou admirador de Santo Agostinho. Este homem foi brilhante escritor, pregador, teólogo, filósofo, pensador e santo. Suas obras influenciaram muito o desenvolvimento do cristianismo e da filosofia ocidental. Foi o mais importante dos Padres da Igreja do Ocidente. Ele era bispo de Hipona, uma cidade na província romana da África. Viveu por volta dos anos 350.

Um dia, disse ele: "Com o coração se pede, com o coração se procura, com o coração se bate e é com o coração que a porta se abre".

Geralmente, as pessoas são educadas apenas para a racionalidade, para ordenar pensamentos, apor argumentos, vislumbrar leis e verdades, determinar objetivos. Mas, Santo Agostinho tem uma afirmação que merece consideração: "Ninguém faz bem o que faz contra a vontade, mesmo que seja bom o que faz". Essa tirada do filósofo de Hipona me reporta à vida religiosa, quando os membros de alguma instituição religiosa são ensinados a obedecer radicalmente as ordens dos superiores, até porque alegam que a voz dos superiores é a voz de Deus. Agostinho avisa que tudo que for feito contra a vontade não é bem feito, porque o coração está noutro lugar. Na verdade, a obediência que não for consentida livremente não tem valor. É imposição e imposição é escravidão. Os presidiários sempre obedecem, mas apenas porque não podem desobedecer.

Deus escuta o coração.

O coração é poder.

Os atos de heroísmo são explosões do coração.

Não existem atos heroicos que não sejam arrancos do coração. Percorra a história e verá que grandes feitos aconteceram sob a bandeira do entusiasmo. Todos os gestos de bravura são impulsos do fogo interior. Os mártires suportaram horrores movidos por um ideal superior aos tormentos. Os santos eram, em boa parte, muito mais idealistas do que cultos. Os grandes conquistadores eram homens de bravura indômita, como diriam os títulos de filmes.

Existiram Madre Tereza de Calcutá, Irmã Dulce, e outras heroínas dos nossos tempos, dedicadas à solidariedade, porque o coração estava abrasado de amor.

Muitos cristãos são devotos do Sagrado Coração de Jesus, do Sagrado Coração de Maria. Eu estudei, quando criança, numa escola chamada Coração de Maria. O coração, fonte devocional.

As guerras são incêndios do coração humano. As bravuras raivosas do Estado Islâmico e seus assassinatos, assim como os atos terroristas, são loucuras do coração. Se é que o coração não foi jogado fora pela mente raivosa e insana. Mas não, o coração não foi jogado fora e nem lançado às trevas da morte, o coração apenas foi ludibriado, porque as loucuras hediondas contra seres humanos contêm promessas de plena satisfação do coração, promessas de um paraíso com 17 virgens à disposição após a morte na luta contra os infiéis. O coração, o poderoso coração, foi enganado.

As vinganças, os ódios, as raivas virulentas, as atitudes trágicas impensadas, são enfermidades do coração. Ah, insensato coração! – diz a canção.

O coração leva ao céu e ao inferno. Tem poder para tanto.

Uma pessoa pode cultivar coração amoroso, misericordioso, compassivo, generoso, amável, afável, feliz, entusiasmado, piedoso, grato, iluminado. Pode. E se cultivar, que bom! Jesus disse: “Eu sou manso e humilde de coração”. Coração manso é alma serena. Coração humilde é ser humano respeitoso e agradecido.

Existem pessoas de bom coração – você sabe. São pessoas generosas.

Existem corações duros, corações de pedra: são indivíduos impiedosos e cruéis.

O poder está no coração.

Jesus falou, certa vez: "O homem bom tira coisas boas do bom tesouro do seu coração e o homem mau tira coisas más do mau tesouro do seu coração". (Mt 12,35).

Use o poder do coração para o seu bem e para o bem da humanidade e do universo.

Seu coração, em estado puro, é um tesouro inundado de afetos, de sentimentos, de comoções e de emoções.

Seu coração, em estado original, é depositário inesgotável de fé, entusiasmo, amor e motivação. Essas energias geram sentimentos amorosos, boas emoções e comoções que levam o corpo a lágrimas prazerosas. O êxtase é o paroxismo inebriante do coração amoroso.

Use o poder do coração para ser feliz, realizar sonhos e ideais, e para cultivar as maravilhas da mente e do corpo, assim como para abraçar a humanidade, o universo e Deus.

Bendito coração poderoso.

Ambição – outro atributo do coração.

Ambição é uma motivação explosiva que conduz a pessoa na busca incessante, exaustiva e incansável do objetivo. Uma energia assim só pode ser atributo do coração. O ambicioso é um lutador à prova de tudo. Todo seu ser se dirige ao foco do seu desejo. Passa por cima de qualquer barreira e nada o desestimula. Seu coração abre as torneiras da adrenalina e da oxitocina.

Num mundo muito materializado, o poder do coração é estimulado através do dinheiro, da meritocracia, da recompensa pela produtividade, da fama e do prestígio. É assim que os empreendedores dão corda às forças poderosas do coração de muita gente.

Quando alguém ambiciona algo, investe tempo, talento, saúde, lazer, e todo tipo de sacrifício para chegar lá. E chega.

O risco da ambição é transformar-se em patrola arrasadora da ética, da justiça e da lei, para atingir seus objetivos.

O ambicioso não deve ceder à tentação de facilitar seu caminho através da corrupção, da falcatrua, da burla à lei ou da exploração humana. Convém lembrar a Lei Universal: "O descaminho nunca leva ao caminho". Quem não acredita, experimente.

A ambição cristã equilibrada é força poderosa do coração.

Existe também o poder do coração apaixonado, mas a paixão a coloquei como atributo do Poder do Amor. Você verá mais adiante.

Quarto poder

Poder do Trabalho

O trabalho constrói. Bem-aventurado é você que acredita no benéfico poder do trabalho.

Nada existiu e nada existe sem trabalho. Até mesmo quando o Criador disse "Faça-se a luz", aconteceu o primeiro trabalho mental que construiu o mundo.

Ao homem, Ele disse: "Presida a obra da Criação e domine em toda a terra", quer dizer, Eu lhe dou poder mental e físico para continuar a obra da Criação. Então, surgiram as cidades, as moradias, os palácios, as estradas, as indústrias, as invenções, as descobertas, as grandes obras como o Empire State, hoje superado por imensos arranha-céus; a barragem do rio Colorado; a cidade de Brasília; o Large Hadron Collider (Grande Colisor de Hádrons), construído de forma circular, com um perímetro de 27 quilômetros de raio; a escavadeira alemã RB 293; o West Edmonton Mall, maior shopping do mundo; o Petroleiro Knock Nevis, considerado o maior navio do mundo, com 458.4 metros de comprimento por 68.9 de largura; o Airbus A380, que mais parece um hotel flutuante, com 73 metros de comprimento, 24 de altura e envergadura de 79,8m, capaz de transportar 800 passageiros, possuindo autonomia para além de 14.000 km. Já ouviu falar do Burj Khalifa, com 828 metros de altura, considerado o prédio mais alto do mundo? E nem vamos mencionar a igreja de São Pedro em Roma, o Cristo do Corcovado e tantas e tantas obras cujo trabalho criador e realizador engrandecem a capacidade humana.

Ah, o poder do trabalho!

Trabalho é toda ação criadora, seja mental, espiritual ou física.

Trabalho é movimento e movimento faz-se pelo deslocamento de uma posição, ou situação, para outra, com isso acrescentando algo de novo ao mundo. Trabalho, portanto é antiestagnação. Trabalho é inimigo da inércia.

Toda ação é trabalho e todo trabalho é ação. Mas, o trabalho criador é exercido sob o comando do pensamento e pensar é uma forma de trabalho, ou seja, é ação mental.

O trabalho constrói, logo, é poder. Sem dúvida, é necessário haver uma fonte criadora para determinar o trabalho, e esta é a mente. Sonhos, desejos, objetivos, metas, ideais, movem à ação, por isso se diz que o trabalho constrói e, se constrói, é poder.

Madre Tereza de Calcutá disse: "Sei que meu trabalho é uma gota no oceano, mas, sem ele, o oceano seria menor".

Poderia citar aqui o escritor e pensador do Poder da Mente, Norman Vincent Peale: "A chave-mestra para triunfar na vida, conseguir o que se deseja profundamente, é entregar-se de corpo e alma ao trabalho ou projeto em que se estiver empenhado. A vida nada negará de si àquele que lhe dá tudo que tem". (O Poder do Pensamento Positivo/p.111)

É claro que trabalho físico pelo trabalho físico até o boi e o cavalo fazem, até a máquina faz. Mas o trabalho humano inicia e se realiza através de ação mental e isso é privilégio do ser humano.

Conheci inúmeras pessoas que só acreditam no trabalho braçal, no esforço físico, na transformação de uma matéria em outra, no transporte de um material a outro lugar. Esses, mais do que ninguém, dirão que trabalho é poder. Olham para operários construindo uma casa e exclamam: Trabalho é poder realizador.

Certa vez, viajava para a praia de Tramandaí, no sul do Brasil, quando fui abordado pela Polícia Rodoviária Federal. Pediu-me para repor uma lâmpada da sinaleira que estava queimada. No meio da conversa com um policial, falei sobre o Poder da Mente, que era minha especialidade. Ele mostrou-se incrédulo: "Que poder da mente, o que vale é o trabalho, a luta, isso é que vale!" Para muitos só existe o poder do trabalho.

Há um ditado que diz: Deus ajuda a quem trabalha.

Quando você age, a sua ação ativa o poder, já que ele tem sobre o quê funcionar. Se colocar o primeiro tijolo na construção da sua casa, notará que o movimento nessa direção atrairá mais tijolos e mais tijolos e, quando você vê, a casa está pronta. Começar e continuar é chegar a bom termo.

Não comece a casa das suas possibilidades momentâneas, mas a casa dos seus sonhos. Um dia, um amigo me disse que já tinha a planta da casa que iria construir.

- É a casa dos seus sonhos? – perguntei.

Respondeu:

- Não, é a casa da minha possibilidade.

Tentei convencê-lo de que, ao invés de pegar um projeto popular na Prefeitura, deveria projetar a casa do seu bem-viver:

- Não pense no dinheiro, pense que vai viver naquela casa a vida inteira. Você merece morar onde se sinta bem e tenha prazer em voltar todas as noites e sempre que puder.

Foi o que ele fez e hoje vive na casa dos seus desejos. Já citei muitas vezes Walt Disney: "Se você pode sonhar, pode realizar". O sonho cria, o trabalho realiza.

Mas, reafirmando, o trabalho, para ser poder, necessita da mente criativa. Trabalho por trabalho, como já disse, até o boi e o cavalo o fazem. O poder do trabalho exige criatividade inteligente que o torne útil, inovador, produtivo e significativo. A criatividade inteligente analisa a finalidade do trabalho, o boi e o cavalo não o fazem.

Muitos não usam a criatividade inteligente e, por isso, só fazem o que os outros determinam. São meros coadjuvantes de alguém ou de alguma instituição: obedecem o apito, perfilam-se ao comando de ordem. E há até os que repetem a mesma ação mecanicamente dia após dia. São operários que cumprem obrigações maquinalmente, sem alma. Não raro, acabam se tornando pessoas amargas e desiludidas. Esses, em suma, detestam o trabalho, vendo-o como castigo, destino ingrato ou falta de sorte.

O homem e a natureza trabalhando de mãos dadas

Usando a parábola do Gênesis, primeiro Deus criou a natureza e conferiu-lhe o dom de trabalhar segundo as Leis Universais. E a natureza foi cumprindo sua missão na justa e reta ordem divina.

Antoine Lavoisier compreendeu o funcionamento da vida natural e pontificou a famosa frase ainda hoje muito lembrada: “Na natureza, nada se cria, nada se perde, tudo se transforma”. Assim é.

Então, surgiu o homem dotado de sabedoria e poder para continuar transformando a natureza de acordo com suas necessidades, mas não como dono, nem como autoridade independente, e sim como sócio do planeta. Mais do que isso, como irmão mais novo. A natureza, como irmã mais velha, é quem dita as regras, mas o ser humano pode obedecer ou desrespeitar. E vem desrespeitando há muito tempo. A natureza, tão pródiga e generosa, continua oferecendo todas as dádivas ao irmão mais novo, apesar de suas maluquices e depredações. Só que os estragos já são tão grandes que a natureza não aguenta mais. O trabalho do homem vem sacrificando demais sua irmã mais velha a tal ponto que ela já não sabe o que fazer para conter os estragos.

O trabalho é poder para o bem e para o mal. Homem e natureza devem trabalhar solidariamente. Hoje, mais do que nunca, essa necessidade é urgente. Como ser inteligente, ao homem compete tratar sua irmã natureza com amor e com cuidados especiais, porque um depende do outro e ambos precisam desejar-se longa vida.

Poder do Trabalho

Poder do trabalho. Poder significa capacidade de alcançar o objetivo traçado, seja por si mesmo ou em união com outras pessoas que comungam da mesma finalidade. Ou com auxílio de máquinas e tecnologia.

O Poder do Trabalho move ao objetivo. Para tanto, se for o caso, a pessoa levanta cedo, dorme tarde, descansa pouco, e usa todo seu talento, arte, força e determinação.

É necessário reconhecer que o uso unicamente do poder do trabalho não oferece certeza de sucesso. Trabalho não é paradigma de sucesso. Pode levar ao êxito ou não. Pode conduzir ao ponto final ou acabar num beco sem saída. O esforço pode culminar tanto em glória como em fracasso e falência. Trabalho é poder relativo. Arcano menor.

Aqui se faz importante citar uma qualidade inerente ao trabalho que não pode ser esquecida: a persistência. Esta conduta aumenta em muito as chances de garantir bons resultados. Quem persiste sempre alcança, costuma-se dizer. Thomas Alva Edison, o grande inventor, eternamente reconhecido e festejado, dizia: “Nossa maior fraqueza está em desistir. O caminho mais certo é tentar mais uma vez”.

A perseverança não esmorece diante das pedras, segue como o rio que contorna os obstáculos para chegar ao destino.

Lembro aqui a poetisa Gabriela Mistral: “Dai-me, Senhor, a perseverança das ondas do mar, que fazem de cada recuo um ponto de partida para um novo avanço”.

Se você se sente tentado a desistir, reflita que nada de grande se cria de repente pelo trabalho. Ele é evolutivo. Mais rápido ou menos rápido, mas sempre dando tempo ao tempo necessitado.

Quando eu viajava para realizar Jornadas e palestras pelo Brasil afora, fazia de carro o percurso Santa Maria-Porto Alegre, onde então tomava o avião. Ao longo desses trezentos quilômetros, via muitas casas em construção, umas de avanços mais vagarosos, outras mais rápidas, mas, ao cabo de certo tempo, lá estavam elas prontas, bonitas, pintadas. Eu sabia que todo trabalho começado era meio caminho andado. Eu sabia que quando alguém se mete em alguma empreitada, o universo sempre conspira a favor. Quer a pessoa tenha conhecimento ou não, o universo abençoa as obras benfazejas e se une a elas suscitando meios não imaginados para o término a contento.

Não raro, a clarificação dos dons inatos exige esforço, teimosia e dinamismo. Exige principalmente resistência aos sabotadores de sonhos.

Um bom exemplo a respeito do que disse acima está na história dos famosos pioneiros das valsas: os Strauss, Johann pai, ou Johann Strauss I, e Johann filho, também chamado de Johann Strauss II.

Johann Strauss I pertencia a uma família muito humilde. Desde garoto adorava música e fazia o que podia com os ritmos musicais. Por fim, o padrasto deu-lhe um violino, que o menino não cansava de tocar. Mas, para aquela gente simples, ser músico significava ser um vadio inútil e deambular pelas tabernas, tocando em troca de comida e vinho. Para dar ao pequeno um futuro decente, o colocaram numa oficina de encadernação. Contrariado e frustrado, o menino estragou papel, cola, apanhou sovas, desertou da oficina, até que, finalmente, seus pais cederam, integrando-o na conhecida orquestra de Joseph Lanner. Lanner era maestro, compositor e violinista. A época marcava o início do apogeu das valsas. Um dia, Johann compôs uma valsa que obteve sucesso, mas Lanner atribuiu-se a autoria. Desgostoso, Johann demitiu-se e fundou sua própria orquestra, inclusive contando com a maioria dos músicos de Lanner. Aos 26 anos, tinha sob a sua regência uma orquestra de duzentos artistas e dava concertos no mais belo salão de Viena. Compôs valsas inebriantes que deram status de valor a esse tipo de ritmo e logo, logo, o Império Austríaco e a Europa se encantavam com as músicas e a orquestra de Strauss.

Johann teve cinco filhos, o mais velho também se chamava Johann e desde cedo mostrou-se apaixonado por violino, embora o pai proibisse terminantemente a qualquer dos filhos aprender a tocar violino e ser músico. Um belo dia, o pai, doente, ouviu uma de suas valsas e foi ver quem a executava. Ninguém menos que seu filho Johann tocava violino diante do espelho, numa imitação perfeita do pai, que ficou furioso e o enviou a uma escola comercial, mas o garoto agitou e perturbou tanto nesta instituição que acabou sendo expulso. Quando o pai foi viver com outra mulher, o jovem de 19 anos estava preparado para estrear como diretor de orquestra. Convidaram--no a exibir-se num salão de espetáculos tão elegante quanto o do pai. O sucesso foi estrondoso. Resultou em desentendimento conflituoso entre ele e o pai, desentendimento que se desfez quando Johann II, numa de suas brilhantes apresentações, homenageou seu pai apresentando uma bela peça musical do seu genitor.

Johann II era brilhante compositor. Criou 550 composições, entre valsas, polcas, marchas, quadrilhas, além de uma ópera e duas operetas famosas: O Morcego e O Barão Cigano. Ainda hoje são muito conhecidas suas valsas imortais, como Vozes da Primavera, Contos dos Bosques de Viena, Valsa do Imperador, Vida de Artista. Mas a principal, a mais famosa, considerada quase como hino nacional da Áustria, foi Danúbio Azul.

Johann filho fez tanto sucesso que muitas vezes teve que dirigir várias orquestras na mesma noite, colocando seus dois irmãos, também músicos e maestros, a substituí-lo quando passava de uma para outra.

Na hora em que seu pai morreu, ele recebeu o recado enquanto executava um concerto. Interrompeu bruscamente a orquestra e começou outra melodia a que todos se juntaram, com as cordas soando tristemente em surdina. Era O Danúbio Azul. O público vienense escutou de pé. Tinha compreendido o que acontecera, pois Strauss pai estava doente havia tempos.

Contei esta história verídica baseado em Donald Culross Peattie, porque vejo nas duas biografias dois talentos musicais que enfrentaram fortes oposições familiares, mas nunca deixaram de insistir e lutar por aquilo que significava o sonho e o dom maior de suas vidas. Persistência.

Catherine Ponder é considerada uma das principais autoras do pensamento positivo da América, sendo muito conhecido seu best-seller: As Leis Dinâmicas da Prosperidade. Certa vez, anotei esta frase dela: “Só pelo fato de perseverar e continuar perseverando assim em seu objetivo, ele mesmo revelará a você como alcançá-lo”.

Resgatando o significado do trabalho

Há muito tempo, o trabalho vem sendo ultrajado e menosprezado. Está levando as culpas dos estresses e dos sacrifícios da humanidade. Têm muitos que andam à procura do inventor do trabalho para dar-lhe uma surra monumental. Há aqueles que disfarçam sua oposição ao trabalho fazendo piada: “Se trabalho é saúde, por que não mandam os doentes trabalhar?”

Na verdade, o trabalho é a grande fonte de prazer, de autorrealização, de alegrias e de contribuição para um mundo melhor.

Quando você faz aquilo que gosta, seu trabalho libera endorfina, o chamado hormônio da felicidade e do bem-estar. Já falei sobre isso.

O trabalho, também, lhe oferece as graças da maravilhosa expectativa da autorrealização. Seguir em direção à meta ambicionada proporciona uma grande alegria. Só o fato de perceber que seu trabalho vai lhe dar satisfações futuras, até por isso lhe traz uma motivação muito agradável. Além do mais, quando você está criando algo especial, sem dúvida sua ação lhe produz uma sensação bem gostosa. O trabalho que visa a realização dos dons inatos exerce um contentamento tão grande que supera qualquer cansaço.

Trabalhar, em suma, não é castigo, é uma bênção do Infinito. Essa invenção benfazeja livra a pessoa do tédio insuportável, do ócio depressivo, da inação fútil e da sensação de inutilidade.

Bem-aventurado é você que faz alguma coisa de bom na vida, mesmo que seja cuidar do seu cachorrinho.

Bem-aventurado é você que inunda seu trabalho de energia positiva.

Bem-aventurado é você que faz do trabalho seu prazer de viver.

Bem-aventurado é você que acredita no benéfico poder do trabalho.

Quinto poder

O Poder de Deus

Acreditar no benfazejo poder de Deus sobre a criatura humana e o universo é ter certeza de que o passado, o presente e o futuro são elos da mesma corrente amorosa.

Não há como duvidar que o mundo nasceu do poder supremo de um Criador, simplesmente porque nada vem do nada. Como é que o não-ser pode criar o ser? É possível aceitar que a não-vida crie a vida?

Diz a bíblia: "Antes de nascerem os montes e de criares a terra e o mundo, de eternidade a eternidade tu és Deus". (Salmo 90:2).

E, no salmo 91, veja essa linda relação de amor e proteção entre Deus e o ser humano:

"Tu, que habitas sob a proteção do Altíssimo, que moras à sombra do Onipotente, dize ao Senhor: Sois meu refúgio e minha cidadela, meu Deus, em quem confio.

É ele quem te livrará do laço do caçador e da peste perniciosa.

Ele te cobrirá com suas plumas, sob suas asas encontrarás refúgio. Sua fidelidade te será um escudo de proteção.Tu não temerás os terrores noturnos, nem a flecha que voa à luz do dia, nem a peste que se propaga nas trevas, nem o mal que grassa ao meio-dia.

Caiam mil homens à tua esquerda e dez mil à tua direita, tu não serás atingido. Porém, verás com teus próprios olhos, contemplarás o castigo dos pecadores, porque o Senhor é teu refúgio. Escolheste, por asilo, o Altíssimo.

Nenhum mal te atingirá, nenhum flagelo chegará à tua tenda, porque aos seus anjos ele mandou que te guardem em todos os teus caminhos. Eles te sustentarão em suas mãos, para que não tropeces em alguma pedra.

Sobre serpente e víbora andarás, calcarás aos pés o leão e o dragão. Pois que se uniu a mim, eu o livrarei; e o protegerei, pois conhece o meu nome.

15. Quando me invocar, eu o atenderei; na tribulação estarei com ele. Hei de livrá-lo e o cobrirei de glória.

Será favorecido de longos dias, e mostrar-lhe-ei a minha salvação".

No versículo 15, Deus garante seu poder a você:

"Quando me invocar, eu o atenderei".

Aí está: o poder de Deus colocado à nossa disposição. Esse Deus amoroso, poderoso, criador, garante que nos atende sempre que o invocarmos. Mas, você poderá virar a cabeça e dizer que não acredita neste salmo. Qual é a sua vantagem de não acreditar? Seja inteligente, vá a favor da correnteza. Se a bíblia se diz a palavra de Deus e essa palavra está a seu favor, só tem a ganhar experimentando a prática do versículo 15.

Veja o que escreveu o apóstolo João, numa carta: "Ora, sabendo que Deus atende aos nossos pedidos, sabemos que receberemos o que pedimos". (1João,5,15).

Duas certezas João colocou nessa frase. A primeira é que Deus sempre atende aos pedidos. A segunda é que receberemos o que pedimos. Esta segunda afirmação merece uma consideração especial. Leio, em certos escritos, que Deus nem sempre atende e quando não atende ao pedido é porque não era conveniente, ou a pessoa não merecia, mas a bondade Divina sempre troca por uma graça melhor. Nada disso. João é claro: Receberemos o que pedimos. O que pedimos.

Norman Mailer, escritor norte-americano várias vezes premiado literariamente, falecido em 2007, era ateu, vinculado a vida toda ao marxismo, mas sempre angustiado e sua inquietude o fez converter-se. Na sua última entrevista, já bem doente, aos 84 anos, confessou: "Creio que Deus existe porque vivi durante anos como ateu e tinha grandes dificuldades em tentar explicar-me filosoficamente como podemos chegar à existência "ex nihilo!" (Do nada).

Continuando o raciocínio, se Deus criou o

mundo, só pode ter sido por um ato de amor e prazer. É inadmissível supor que tenha sido obrigado ou acuado a tanto. E, se foi ato de amor e prazer, obviamente cuida e protege sua criação. Se cuida e protege a Criação, é porque tem poder. Aqui, não vejo outra saída senão o homem olhar para si e descobrir que é o único ser inteligente dotado de poder criador, poder esse, pela lógica, advindo de um Poder Maior, que, em outras palavras, é Deus.

De toda essa escada de arrazoados, a conclusão final é que a criatura humana tem poder e esse poder emana de um Poder Maior, que é Deus. Então, temos o poder de Deus. Como usamos o poder de Deus?

Invocando-o.

É o que recomenda o versículo 15 do salmo 91: "Ao invocar-me, eu atenderei".

Neste momento, podemos apontar duas vertentes do poder de Deus:

1. Deus oferece o seu poder ao ser invocado.

2. O ser humano, em decorrência da sua origem divina, imagem e semelhança do Criador, possui o poder de Deus.

A comprovação do poder de Deus na criatura humana só pode ser buscada nos livros sagrados e nas revelações, por isso, se você não admite essa autoridade, pule este capítulo. Mas eu sugiro que o leia, nem que seja por curiosidade. De mais a mais, não duvido que você já tenha apelado para o poder de

Deus, ainda que religião seja o último item do seu arquivo cerebral. Por certo, você conhece a velha frase que corre por aí: "Não existem ateus numa pane de avião".

Mas, vamos que você tenha lá suas dúvidas ou descrenças a respeito de Deus, de sua existência, até porque os sermões que ouve aqui e acolá não fecham com suas elucubrações pessoais. Está bem, respeito seus critérios, sinta-se livre, bem livre, para adentrar nesse capítulo, ou não. Gostaria, no entanto, de brincar um pouco com você, contando-lhe essa historinha que colhi na internet:

"Um professor desafiou seus alunos com esta pergunta:

-Deus fez tudo que existe?

Um estudante respondeu:

- Sim, fez!

- Deus fez tudo, mesmo?

- Sim, professor - respondeu o jovem.

O professor replicou:

- Se Deus fez todas as coisas, então Deus fez o mal, pois o mal existe e, considerando-se que nossas ações são um reflexo de nós mesmos, então Deus é mau.

O estudante calou-se diante de tal resposta e o professor, feliz, se vangloriava de ter provado uma vez mais que Deus era um mito.

Outro estudante levantou sua mão e disse:

- Posso lhe fazer uma pergunta, professor?

- Sem dúvida.

O jovem ficou de pé e perguntou:

- Professor, o frio existe?

- Mas que pergunta é essa? Claro que existe, você por acaso nunca sentiu frio?

O rapaz respondeu:

- Na verdade, professor, o frio não existe, pois, segundo a Física, o que consideramos frio é, na realidade, a ausência de calor. Todo corpo ou objeto pode ser estudado quando tem ou transmite energia, mas é o calor e não o frio que faz com que tal corpo tenha ou transmita energia. O zero absoluto é a ausência total e absoluta de calor, quando todos os corpos ficam inertes, incapazes de reagir, mas o frio não existe. Criamos esse termo para descrever como nos sentimos quando nos falta o calor.

- E a escuridão, existe? - continuou o estudante.

O professor respondeu:

- Mas, é claro que sim. Evidente.

O estudante retrucou:

- Novamente o senhor se engana, a escuridão tampouco existe. A escuridão é, na verdade, a ausência de luz. Podemos estudar a luz, mas a escuridão não. O prisma de Newton decompõe a luz branca nas várias cores de que se compõe, com seus diferentes comprimentos de onda. A escuridão não. Um simples raio de luz rasga as trevas e ilumina a superfície que a luz toca. Como se faz para determinar quão escuro está determinado local do espaço? Apenas com base na quantidade de luz presente nesse local, não é mesmo? Escuridão é um termo que o homem criou para descrever o que acontece quando não há luz presente.

Finalmente, o jovem estudante alfinetou:

- Diga, professor, o mal existe?

Ele respondeu:

- Já disse, claro que existe. Como falei no início da aula, vemos roubos, crimes e violência diariamente em todas as partes do mundo, essas coisas são o mal.

Então o estudante aproveitou:

- O mal não existe, professor, ou ao menos não existe por si só. O mal é simplesmente a ausência do Bem. É, como nos casos anteriores, um termo que o homem criou para descrever a ausência de Deus. Deus não criou o mal. Não é como a fé ou o amor, que existem como existe a luz e o calor. O mal resulta de que a humanidade não tenha Deus presente em seus corações e mentes. É como o frio que surge quando não há calor, ou a escuridão que acontece quando não há luz. Nunca é tarde para aprender".

Feita essa digressão, vamos partir do princípio de que Deus existe, nos criou por amor, nos ama, e, como Pai, só nos deseja o bem.

Como disse acima, a nossa origem nos permite concluirmos que temos o poder de Deus. Diz a bíblia que "somos da espécie divina, nele somos, nos movemos e existimos". Será que não podemos entender que nossa origem não é desse mundo, que viemos de outra região desconhecida, e aqui estamos como filhos do Criador, com poder e sabedoria de um deus-filho, e que fazemos parte de um todo, que se movimenta por uma energia infinita chamada Amor?

A bíblia continua afirmando que "somos templos do Altíssimo que em nós habita". O Altíssimo habita o ser humano.

Santo Agostinho, o maior filósofo da Igreja ocidental dos tempos antigos, afirmou que "Deus é mais interior ao homem do que o próprio homem". Num de seus livros, assim se referiu a Deus: "Eis que habitáveis dentro de mim e eu lá fora a procurar-vos". Também escreveu: "Por conseguinte, meu Deus, eu não existiria, eu jamais existiria se não estivésseis em mim".

Se somos da espécie divina, temos atributos divinos. Poder é atributo divino.

Jesus afirmou, certa vez: "Vós sois deuses". Mais uma prova de que somos filhos de Deus, portanto temos o DNA divino. Claro que somos deuses com letra minúscula, pois somos seres humanos, consequentemente limitados, ao passo que Deus é ilimitado e infinito.

Deus é o poder e nós temos o poder de Deus. Não somos iguais a Deus e nem estou afirmando qualquer coisa de panteísmo. Estou dizendo que temos o poder que Deus nos deu. A divindade é nossa essência, por isso somos imortais e temos o poder de Deus, já disse.

Jesus garantiu que desfrutamos o poder de Deus: "Ou qual dentre vós é o homem que, se porventura o filho lhe pedir pão, lhe dará pedra? Ou, se lhe pedir um peixe, lhe dará uma cobra? Ora, se vós, que sois maus, sabeis dar boas dádivas aos vossos filhos, quanto mais vosso Pai, que está nos céus, dará boas coisas aos que lhe pedirem?" (Mateus 7,9-11).

O Pai dará coisas boas aos que pedirem. Invocar o Pai é invocar o poder de Deus. Relembre o salmo 91, versículo 15: "Ao invocar-me, eu ouvirei e atenderei".

E Jesus revelou ainda: "Olhai as aves do céu, não semeiam, nem colhem, nem guardam em celeiros; vosso Pai celestial as sustenta. Porventura não sois muito mais do que elas? Considerai como crescem os lírios do campo; eles não trabalham nem fiam, mas digo-vos que nem Salomão, em toda a sua glória, se vestiu jamais como um deles. Pois, se Deus veste assim os lírios do campo, que hoje existem e amanhã são lançados ao forno, quanto mais a vós, homens de pouca fé!" (Mateus, 6, 25-34).

Aí está mais uma afirmação de que Deus sempre provê nossas necessidades.

- Mas, como se manifesta o Poder Deus em nós?

- Como resposta. Ele espera o pedido. Pelo dom da liberdade que nos concedeu, Ele aguarda sua manifestação antes de agir, mesmo que você esteja no caminho do desastre.

O Poder de Deus é mais um poder à nossa disposição. Acreditar que possuímos o Poder de Deus por uma concessão especial, é motivo de imensa alegria e autossegurança.

Outras passagens bíblicas:

"Então me invocareis e chegareis a mim para orar, e Eu vos darei toda a atenção". (Jeremias 29,12).

"Invoca-me e te responderei, e te revelarei conhecimentos grandiosos e inacessíveis, que não sabes". (Jeremias, 33,3).

"Invoca-me no dia do perigo! Eu te livrarei, e tu me darás glória". (Salmo 50,15).

"Assim, Ele realiza os desejos daqueles que o reverenciam; ouve-os clamar por socorro e os salva". (Salmo 145,19).

Jesus foi muito incisivo quando disse, certa vez:

"Tu, porém, quando orares, entra no teu secreto, fecha a porta, e ora a teu Pai às ocultas; e teu Pai, que vê o que é oculto, te há de recompensar".(Mt 6,5-15).

Você dispõe sempre do Poder de Deus. Basta

que sua oração seja de fé, quer dizer, que acredite naquilo que está dizendo ou orando. Deus vê o que é oculto e se conferir o que está no seu coração com o conteúdo de sua oração, sua palavra é verdadeira, consequentemente terá a resposta.

Às vezes, você invoca Deus, pede-lhe uma graça, mas seus olhos estão bloqueados e sua mente ofuscada pela descrença. Deus lhe oferece a solução e você fica olhando para outro lado.

Deus atende o seu pedido literalmente, mas, às vezes, não é pelo caminho que você imaginou. Nesse caso, pode acontecer até que você esteja desatento, olhando para outra esquina, e então a resposta divina cai no vazio. Fique esperto e desperto. Deus não falha.

Liberte-se das perturbações e deixe que a serenidade lhe mostre a resposta infinita.

Para entender o que estou dizendo, vou contar-lhe uma história:

Certa vez, um homem estava sendo perseguido por bandidos. Na sua fuga desesperada, entrou por uma trilha na floresta, mas os bandidos corriam atrás para pegá-lo. Como o bando se aproximava cada vez mais, voltou-se para Deus e pediu: "Meu Deus, faça um muro nessa trilha para que os bandidos não me apanhem". Olhou e nada aconteceu. Continuou sua fuga, mas as vozes indicavam que os perseguidores estavam cada vez mais perto. Angustiado, apelou novamente para Deus: "Meu Deus, por favor, me atenda, ponha um muro aqui para que os bandidos não me matem". Esperou, olhou, nada viu senão uma tênue teia de aranha que atravessava a trilha. Ficou desolado. Deus estava surdo ao seu clamor. E os perseguidores já a poucos metros, quando pararam indecisos: "Ele foi por aqui... Não, foi por aquele lado... Nada disso, ele está nessa trilha aqui..."

Ao que, o chefe esbravejou:

- Por esta trilha não, seu burro, não vê que tem até uma teia de aranha atravessada? Se tivesse ido por aqui a teia estaria rompida!

E seguiram para outro lado.

Esta história traz uma mensagem: Deus sempre atende, é preciso prestar atenção para ver como.

Quando você pede a Deus, fique atento a fim de perceber como vai ser o atendimento. Claro que Deus escutará sua voz. "Ao invocar-me, eu atenderei". Fique na expectativa. Aguce os sentidos. Saiba interpretar os sinais.

Contam que um alpinista se despencou de uma montanha nevada. Ao derrapar pela encosta íngreme, conseguiu se agarrar num galho à borda do declive. Era noite. Estava desesperado, pois, se soltasse o galho, cairia, por certo, num precipício gelado. Gritou a todos pulmões: "Ei, tem alguém aí para me salvar? Por favor, tem alguém para me salvar?" De repente, ouviu uma voz que vinha do alto: "Vou te salvar, solta-te do galho!" O homem ficou apavorado. Soltar-se?! Silenciou tristemente. Tornou a gritar: "Ei, tem mais alguém aí que possa me salvar?" Apenas sua própria voz ecoou pela noite adentro. No dia seguinte, foi encontrado congelado a um metro do chão.

Entendeu a lição?

Um lembrete:

\- Não diga: "Deus, tenho um grande problema". Diga: "Problema, tenho um grande Deus!"

Sexto poder

Poder da Palavra

A palavra muda a vida, transforma gerações, cria riquezas, une grupos, constrói cidades, molda o caráter, vence hecatombes, cura enfermidades, faz amizades, une corações, acalma tempestades, gera poderosas emoções e ilumina sentimentos.

A palavra é o exercício do poder criador.

Palavra é termo genérico que abrange toda criação mental: pensamento, desejo, oração, meditação, reflexão, visualização, mentalização, opinião, discurso, texto, canto, imaginação.

Todo poder humano é mental e a manifestação da mente ocorre pela palavra. Significa que tudo que você consegue é através da palavra.

A única criatura do nosso universo conhecido que tem o dom da palavra é o ser humano, por isso só ele possui o poder criador.

Desde o início do macrocosmo, tomou-se conhecimento do poder da palavra. Segundo a parábola da bíblia, o mundo foi criado pela palavra de Deus: "Faça-se". E da palavra nasceu a ação e da ação a realidade.

João, no início do seu evangelho, disse que "no princípio era a Palavra e a palavra era Deus e tudo que foi feito foi feito pela palavra".

E a palavra foi dada aos seres humanos, filhos de Deus.

Jesus veio a este planeta para salvar a humanidade através da Palavra. Recebeu o nome de Verbo. A Palavra. "E o Verbo habitou entre nós".

No âmago da palavra reside o poder criador. A essência da palavra contém a genética divina.

A palavra muda a vida, transforma gerações, cria riquezas, une grupos, constrói cidades, molda o caráter, vence hecatombes, cura enfermidades, faz amizades, une corações, acalma tempestades, gera poderosas emoções e ilumina sentimentos.

A palavra forja heróis.

Transformada em ideal, torna-se farol para os santos e os filantropos.

Em forma de sonho, materializa as mais fantásticas realizações humanas.

Palavra, esse poder inaudito, é presente do Criador a todos os seres humanos.

Você é sua palavra. Sua vida corre nos trilhos da sua palavra.

Sua palavra é seu pensamento e seu pensamento faz a sua vida. Quando as coisas não vão bem, ausculte a sua palavra.

Li, certa vez, do profeta Isaías, esta frase de muita sabedoria: "Isto diz o Senhor: Assim como a chuva e a neve descem do céu e para lá não voltam mais, mas vêm irrigar e fecundar a terra, e fazê-la germinar e dar semente, para o plantio e para a alimentação, assim a palavra que sair de minha boca, não voltará para mim vazia; antes, realizará tudo que for de minha vontade e produzirá os efeitos que pretendi, ao enviá-la". (Is 55,10-11).

Veja: "A palavra que sair de minha boca, não voltará para mim vazia; antes, realizará tudo que for de minha vontade e produzirá os efeitos que pretendi, ao enviá-la".

Já naqueles tempos idos, há mais de dois mil e quinhentos anos, esse profeta compreendeu e ensinou que a palavra que sair da boca produzirá os efeitos correspondentes ao conteúdo da mesma. E dizer que ainda hoje nem todos os cientistas descobriram o que ele já ensinava naquela época.

"E realizará tudo que for da minha vontade" – disse o profeta, que viveu por volta de 550 a 539 aC. Aí está declarado o poder da palavra. A minha palavra expressa a minha vontade e a minha vontade será realizada. Maravilha. Veja o que você diz, porque a sua palavra tem poder de autorrealização.

Para onde você dirigir a sua palavra, para lá convergirá a sua vida.

Verifique que tipo de palavras está usando no seu dia a dia. Analise o significado e o conteúdo das palavras que usa a todo momento.

Duas formas de usar a palavra

No mundo, há dois tipos de pessoas. Num desses dois tipos você necessariamente se encaixa: os que usam a palavra apenas para expressar a realidade e os que usam a palavra também para criar a realidade.

A maior parte das pessoas só sabe usar as palavras para expressar a realidade. Exemplo: "Hoje é dia trinta, estou sem dinheiro, amanhã viajo para Santa Maria, comprei uma casa ontem, meu carro tem cor prateada, estou triste, aconteceu-me isto..." assim por diante. Aqui a palavra é apenas uma descrição do já existente, portanto não muda nada. Vale lembrar aquela frase já muito surrada: Se você continua a pensar o que sempre pensou, vai continuar acontecendo o que sempre aconteceu.

Deixe-me acrescentar um adendo para clarificar melhor esse ponto: quando você repete algo, não está criando, mas está reforçando. Cada vez que disser que está triste, a repetição reforçará o sentimento de tristeza e mais profunda se tornará a sua tristeza. Se contar repetidamente para seus familiares e amigos que está desmemoriado, seu subconsciente vai aprofundar cada vez mais fortemente sua falta de memória.

A palavra descritiva não acrescenta nada de novo, mas fortalece a situação já existente. Se pensar que é inteligente, se contar que é inteligente, cada vez essa mensagem estará sensibilizando seu subconsciente, cuja função, nesse caso, é melhorar a dimensão da sua inteligência. Já ouvi várias pessoas me contarem que o salário é tão pequeno que nunca poderão ter casa. Não terão casa, porque o poder da palavra, nesse caso, anula a materialização.

Preste atenção ao que você diz e ao que os outros dizem: verá que tudo não passa de relatório existencial. Assista uma telenovela, por exemplo: as cenas são intermináveis repetições de acontecimentos, emoções e dissertações, variando os episódios de acordo com a criatividade do escritor. Os jornais transcrevem fatos, notícias e comentários. As escolas ensinam o que já está ensinado no papel. Assim caminha a humanidade. Não há nada de errado nesse tipo de aprendizado e de conhecimento. Mas, não é tudo.

A segunda parcela da humanidade é mais adiantada, por isso mais rara. Um dia todos evoluirão, mas hoje se pode dizer que são poucos os que descobriram ou intuíram o segredo de que a palavra também cria a realidade.

É muito importante que as pessoas saibam usar a palavra para criar a realidade. Por exemplo: se você se considera uma pessoa agitada e mentalizar que é muito calma, o subconsciente cumprirá sua palavra como uma ordem, consolidando essa qualidade na sua personalidade. Quanto mais repetir essa ideia e quanto mais imaginá-la como verdade sua, mais rapidamente acontecerá.

A palavra obedece às leis universais

Toda palavra que vai, volta. E não voltará vazia, como falou o profeta Isaías. Toda palavra jogada contra alguém, volta a você e, pela ação do subconsciente, acaba se materializando na sua vida. O mal que deseja a alguém, acontece em você, porque a matriz deste mal se estabeleceu em si através da sua palavra.

Por outro lado, toda palavra boa dirigida a alguém, pela mesma Lei retorna a você e se manifesta em sua vida. Jesus chegou a dizer que o bem e o mal desejados a alguém retornam multiplicados.

A palavra que você semeia produzirá o fruto que colherá. A semeadura é livre, a colheita é obrigatória.

Há uma Lei que diz: O semelhante atrai o semelhante.

Explicando: A palavra atrai e produz o conteúdo da palavra. Palavras de raiva produzem o fogo da raiva, palavras de alegria produzem alegria. A escolha é livre.

Um dia, expliquei isso numa palestra e um assistente comentou que, desse jeito, a vida é muito difícil, porque a gente cria tanto pensamento negativo, que não dá nem para contar.

Respondi-lhe que, pelo contrário, assim a vida se torna muito simples, pois somos originários do

Bem, nossa essência é o Bem, a natureza humana é boa, e basta sermos o que somos na realidade para que tudo corra a nosso favor. Não temos natureza depravada, não somos seres decaídos, não fomos atingidos pelo pecado original porque Jesus afirmou que o Pai habita nosso coração e Paulo garantiu que somos templos do Altíssimo que em nós habita, portanto todos os bons ventos impulsionam o nosso barco.

Imagine que maravilha: Se eu penso que sou alegre, feliz, inteligente, agradável, bem-humorado, sereno, positivo, otimista - assim serei. Inúmeras vezes escrevi esta frase: "Nós somos o que pensamos".

A Lei é tão benéfica que, não importa qual seja sua situação, basta criar agora os pensamentos positivos que deseja para mudar sua situação, e assim será. Então, não use a palavra apenas para rememorar o passado, use-a para criar a sua realidade atual e futura.

Veja a importância da palavra, segundo minha visão:

Moisés disse: A lei é tudo.
Jesus disse: O amor é tudo.
Marx disse: A economia é tudo.
Freud disse: Tudo na cabeça.
Einstein disse: Tudo é relativo.
Lauro Trevisan disse: A palavra é tudo.

Sétimo poder

Poder do Amor

Na verdade, o mundo viverá o sonho do Criador quando o amor iluminar todos os corações. Então, passaremos a viver a plenitude dos tempos, anunciada por Jesus.

O poder do amor mantém vivo o mundo vegetal, multiplica os seres vivos, oferece ao mundo novos filhos de Deus em forma humana, e faz a beleza, a ordem e a vida do universo.

Será que o amor é poder? Muitos dizem que o amor é um sentimento aprazível do coração, nada mais.

Levante os conceitos de sua filosofia e descobrirá que o amor é a mais fantástica energia criadora. O universo, em última análise, é a materialização do poder criador do Amor Infinito.

Mahatma Gandhi chegou a dizer que "o amor é a força mais sutil do mundo". Se é força, é poder.

O amor é o maior poder criador: criou o mundo.

O amor é a energia que move o universo.

Dante Alighieri escreveu: " L ´amore che muove il sole e l´altre stelle". O amor que movimenta o sol e todas as estrelas.

O amor é a síntese da ordem cósmica. Afirmação de Jesus: O amor é tudo, é a síntese da Lei e os Profetas.

Ralf Waldo Emerson, famoso pensador e poeta norte-americano, escreveu:

"O amor é onipresente na natureza como motivo e recompensa. O amor é a mais elevada palavra que possuímos e é sinônimo de Deus".

Que ideia fantástica: amor - sinônimo de Deus!

Deus é amor e Deus é poder; logo, o amor é poder.

O amor é poder transformador e renovador.

O Mestre pregou a transformação da humanidade e do mundo pelo amor. A nova história do planeta será traçada quando os seres humanos participarem do reino de amor sonhado pelo Nazareno.

A grande façanha da mudança dos rumos da humanidade será alcançada pelo amor. Foi o que afirmou o famoso pensador e escritor alemão Goethe: "O amor e o desejo são as asas do espírito das grandes façanhas". Veja só, o amor tem o poder das grandes façanhas. Já na antiguidade, o sábio Lao-tzé avisou que "o amor é vitorioso no ataque e invulnerável na defesa". Ele está proclamando a verdade de que o amor vence sempre.

William Shakespeare sentiu o influxo poético do seu coração ao declarar: "Quando fala o amor, a voz de todos os deuses deixa o céu embriagado de harmonia". Na verdade, o mundo viverá o sonho do Criador quando o amor iluminar todos os corações.

Então, passaremos a viver a plenitude dos tempos, anunciada por Jesus.

Acho muito significativa esta afirmação do médico, professor Phd de Harvard, Bernard Siegel, autor de vários livros: "Se você pudesse amar bastante, seria o ser mais feliz e mais poderoso do mundo". (Aspetos espirituais das artes de curar).

Amar, fonte de poder.

O poder do amor rompe barreiras, harmoniza discrepâncias, acalma tempestades, refaz desagregações abissais, ilumina séculos de escuridão, aplaina caminhos tortuosos.

O amor é o maior poder regenerador: cura todas as enfermidades.

Como a energia da mente é o amor, como o coração afetivo é o habitáculo do amor, como o espírito é amor, como o corpo é manifestação física do amor e vive pela energia do amor, fica claro que o amor cura todas as desarmonias.

O amor é a energia do milagre. Não existe milagre sem amor, caso contrário a desarmonia estaria produzindo a harmonia, o que é inconcebível.

Quando você visita santuários milagrosos, com certeza sente a aura do amor em eflúvios no ambiente espiritual. Já visitei Lourdes, Fátima, Aparecida, Medianeira, Caravaggio, Lujan, Caacupê. Respira-se energia transcendental.

Reiterando: A energia do milagre é o amor. O

desconhecimento dessa verdade leva pregadores a insistirem em mensagens à margem do amor, como moralismos, leis, preceitos, ameaças e obrigações. No dicionário do amor não existe nada disso. As religiões nem sempre alcançam o coração do ser humano porque falam, promulgam e caminham sem focar a essência universal: o amor.

Ah, o poder do amor!

O grande poder do amor. O único poder de qualquer religião que faz o elo entre a criatura e o Criador.

O poder do amor produz milagres de solidariedade, viaja longas distâncias em busca de ovelhas tresmalhadas, espera com paciência filhos pródigos, estabelece o reino dos céus, eleva a criatura humana às dimensões do Infinito.

O poder do amor tudo consegue.

Que poder senão o amor faz casais viverem juntos mais de cinquenta anos, apesar das diferenças?

Que poder senão o amor inunda conventos para uma vida enclausurada, toda feita de boa vontade e idealismo?

Que poder senão o amor faz alguém recolher e abrigar seres humanos maltrapilhos que sobrevivem debaixo de pontes e se alimentam do lixo das ruas?

Que poder senão o amor leva médicos a salvar doentes em regiões carentes e miseráveis?

Ah, o amor, o poder mais lindo do mundo!

A paixão

E a paixão? A paixão é o tsunami do amor. A paixão é o amor intempestivo, irresistível. É o coração afogado em feniletilamina, oxitocina, dietilamina, opiamina, dopamina e tudo o mais que o coração incontido fizer o cérebro derramar no corpo do apaixonado.

Certa vez, li uma frase interessante de Voltaire: "As paixões são como ventanias que enchem as velas dos navios; às vezes, as oprimem, mas sem elas não poderia navegar".

Acredito que grandes feitos são conquistas de pessoas apaixonadas. Estas não olham para os obstáculos e nem para cautelas e perigos. Não ouvem conselhos e ponderações. Muitas vezes, contrariam até o bom senso.

De bom, a paixão tem o fato de bastas vezes conseguir façanhas impossíveis. Hegel, o filósofo, já dizia que nada de grande foi realizado sem paixão. Só que ela precisaria ser dominada pelas rédeas do juízo. Mas, será que os apaixonados conseguem enxergar rédeas? Será que o coração cego de paixão consegue vislumbrar as luzes do bom senso? Será que o coração descalibrado e intenso consegue dar-se paz e equilíbrio a ponto de enxugar um pouco as doses de hormônios excitantes?

Aqui vale mais um pequeno detalhe: A paixão

tem prazo de validade. O cérebro não suporta atividade tão intensa durante muito tempo. As substâncias que produzem a excitação da paixão vão diminuindo à medida que o cérebro se acostuma a tais estímulos. Dizem os entendidos que a paixão fenece dentro de dezoito a trinta meses.

Mas, é poderosa.

Para o bem e para o mal.

Oitavo poder

Poder da Imaginação

Poder da imaginação - bendita invenção transformadora da vida e do mundo!

A imaginação é um poder tão fantástico quanto desconhecido.

Imaginação – grande poder transformador e criador!

Qualidade divina na criatura humana.

A imaginação governa o mundo desde o princípio, quando o Gênesis diz que Deus criou o mundo e fez o ser humano à sua imagem e semelhança. Imagem. Imaginação divina.

Para você ter uma ideia das maravilhas que acontecem no mundo à luz da imaginação, pense uma ópera musical: alguém imaginou a história; alguém imaginou a música da história; alguém imaginou as cenas da história; alguém imaginou o cenário; alguém imaginou a ação dos artistas cantantes; alguém imaginou as vestimentas; cada artista imaginou sua interpretação; e o público imaginou este conjunto todo.

O poder da imaginação!

As invenções são frutos da imaginação, que antecede ao conhecimento e à realidade.

As criações literárias, esculturais, arquitetônicas, pictóricas, nascem da imaginação.

Já imaginei dois romances publicados e com certeza milhares de leitores deram asas à imaginação durante a leitura. Em junho de 2014, acordei às duas horas da madrugada com a imaginação eclodindo um novo romance, inclusive com o título vibrando na mente: "Um Violino na Noite". Fui ao computador e escrevi durante duas horas as ideias que foram jorrando. Neste ano de 2015 vou publicá-lo. Imaginação.

O poder da imaginação construiu o Empire State de Nova Yorque, a Torre Eiffel de Paris, o Castelo de Buda de Budapeste, a igreja de São Pedro em Roma, e milhões de arranha-céus e castelos e palácios e parques de diversão e templos, no mundo.

Pense na imaginação genial de Leonardo da Vinci, Michelangelo, Mozart, Beethoven, Richard Wagner, William Shakespeare, as Quatro Estações de Vivaldi, o Titanic, o projeto de Brasília. Continue citando obras fabulosas do seu conhecimento.

E as invenções da tecnologia, que espantam o mundo de hoje?!

A imaginação é mais poderosa que a própria força de vontade.

- Ora essa! - dirá você. - O que pode uma simples imaginação contra minha vontade férrea?

Mas, lhe digo que, na disputa entre a vontade e a imaginação, esta sempre vence. Ponha uma tábua estreita entre duas torres de uma igreja e eu poderia oferecer-lhe cem mil dólares se conseguisse atravessar de um lado para outro. Sim, você tem imensa vontade de atravessar, fascinado pelos cem mil dólares, mas, se o fizer, vai cair, porque a sua imaginação lhe avisa que vai despencar. Fica então bem claro que a imaginação é uma arma de dois gumes. Poderosa arma de dois gumes.

Em janeiro de 2015 aconteceu um atentado terrorista contra a revista Charlie Hebdo, de Paris, quando dois irmãos muçulmanos mataram 12 pessoas, algumas da direção e redação da revista especializada em charges. Os criminosos queriam vingar uma caricatura que ridicularizava Maomé. Logo em seguida à tragédia, multidões saíram às ruas com cartaz "Je suis Charlie", Eu sou Charlie, em repúdio ao massacre. Esse cartaz se espalhou pelo mundo e foi usado por milhões de pessoas. O poder da imaginação!

Use a imaginação para o seu bem e não para criar fantasias mórbidas. Conheci uma moça que tinha a fixação de que um dia morreria acidentada. Aconteceu.

E quando você imagina que a crise está paralisando seus negócios, está dando o passo mais decisivo para que isso aconteça.

E quando você imagina que o sonho da sua casa não pode acontecer porque seu dinheiro anda minguadinho, está fazendo complô contra si mesmo.

Nunca imagine o pior. Até porque o medo

atrai. O medo é uma imaginação muito forte, emocionalizada, de algo que não aconteceu, mas que você pensa que vai acontecer. Sim, o medo atrai. Lembre o caso da tábua entre as duas torres.

Mas, viva, viva, você pode imaginar sua casa, seu carro, uma viagem a Paris, ser uma pessoa agradável, alegre e feliz - que a força imaginativa atrai a realidade. Imaginar é ser. Imaginar é ter.

Tudo que o ser humano pode imaginar, um dia ele ou outros realizarão. Basta considerar que muita coisa que hoje faz parte da vida comum, ao alcance de todas as pessoas, séculos atrás era impossível, há alguns anos era utopia, hoje nada mais é que algo corriqueiro.

Com certeza, já ouviu falar do famoso cientista Albert Einstein. Vou citar duas frases a ele atribuídas: "A imaginação é mais importante que o conhecimento". A outra: "Em momento de crise, só a imaginação é mais importante que o conhecimento". Talvez até seja a mesma frase em duas versões.

Em vários livros, ao abordar a força da imaginação, tenho trazido à baila esta frase do grande sábio bíblico Salomão: "Assim como imaginou na sua alma, assim é".

Crie uma bela imagem de si mesmo. Veja-se com as qualidades que deseja brilharem no seu ser. Encarne definitivamente essas imagens e verá a transformação que acontece.

No dia vinte de agosto de 2005, assisti uma entrevista ocorrida na televisão com a famosa artista Barbra Streisand e anotei quando ela disse: "A imaginação e a convicção criam a realidade. A percepção cria a realidade". E, se referindo à sua beleza, comentou que quando ela se achava bonita, as pessoas a viam bonita; quando se via horrível, assim as pessoas a viam. E concluiu: "Como você se vê, assim é visto".

Há indivíduos que vivem se queixando: "Ninguém gosta de mim... Onde quer que eu esteja as pessoas se afastam... A humanidade é egoísta..." É muito benfazejo que as frases sejam invertidas: "Eu gosto das pessoas... Onde quer que esteja, as pessoas se sentem bem na minha companhia... Vejo em cada pessoa um mundo maravilhoso..." Agora imagine como deseja ser. Verá como tudo mudará. Assim como imagina, assim é. Mude-se e tudo mudará. Ilumine-se e iluminará o mundo.

Mas como funciona o mecanismo desse poder?

Já lhe explico: A imaginação não chega ao subconsciente apenas como produto da mente, mas como realidade, já que o subconsciente não distingue entre imagem e realidade. Ora, toda realidade subconsciente necessariamente se materializa. A Sabedoria imanente e o Poder buscam os caminhos da materialização.

A imagem é a essência que se reveste da materialidade. Não existe essência sem a forma. Este é o fenômeno que ocorre na relação entre a imagem mental e a realidade física.

A imaginação é uma das formas mais poderosas de pensamento criador. Na verdade, se a gente refletir com calma, perceberá que toda palavra é imagem. Verifique o que acontece na sua mente ao ler estas palavras: “casa... caminhão... eucalipto... cadeira”. Não lhe vem à mente a imagem da palavra? Ocorre-me supor que os arquétipos mentais são imagens do que é visto desde o início da vida humana e, então, cada pessoa ou povo adapta uma vocalização para revelar a imagem arquivada. Os humanos primitivos gravaram arquétipos de árvore, pedra, água, mar, rio, caverna, montanha, animais, aves, peixes, sol, lua, estrelas, etc, e foram relatando uns aos outros através de alguma expressão verbal. Hoje, por exemplo, o mesmo sol é soleil para os franceses, sole para os italianos, sol para os espanhóis, sun para os ingleses e norte-americanos, sonne para os alemães, son para os holandeses, aurinko para os finlandeses, nap para os húngaros, matahan para os indonésios, assim por diante. Todas essas palavras são diferentes mas manifestam uma única imagem da mesma realidade. Aí está a origem, quem sabe, do poder da imaginação: é a primeira relação da criatura com o criado.

Como usar a imaginação

Quando você deseja algo, imagine desde já o resultado. Veja-se de posse, utilizando, e fique muito contente. Ponha detalhes. Quanto mais detalhes, mais fortemente se gravará no subconsciente. Visualize, por exemplo, a sua casa acabada, a sua tevê na sala, a máquina na sua oficina. Seja lá o que for. Se sonha ir a Lisboa, leia sobre a capital portuguesa, veja ilustrações, localize-se lá imaginariamente. O poder abrirá o caminho da realização. Um dia, uma moça me disse que sonhava fazer uma viagem turística por alguns países da Europa, mas não tinha dinheiro para tal aventura. Sugeri-lhe que mentalizasse essa viagem e se visse visitando os países dos seus desejos. Pois, ocorreu algo que a deixou extasiada: uma amiga lhe ofereceu essa viagem. Essa amiga havia comprado um pacote turístico e infelizmente se vira impedida de viajar, por uma razão qualquer, que não vem ao caso. Lá se foi a moça feliz a realizar seu sonho. Sempre digo: Não esbarre nos impossíveis apostos pela mente objetiva. A mente interior e a Sabedoria sabem tudo e sabem como isso acontecerá. Você será conduzido à realidade ambicionada persistentemente.

Quem imagina pobreza, carência, viverá nesse mundo pequeno e precário.

Se você chegar ao sul do Brasil no outono, verá as folhas caídas, os galhos sem frutos, as árvores com aparência seca. Mas, aquela árvore que você está olhando agora, logo se cobrirá de novos ramos, belo copado cheio de folhas, as flores desabrochando e se transformando em frutas deliciosas. Você é como aquela árvore, mesmo que esteja num momento outonal. Não fique eternamente no outono. Não corte no outono aquela árvore que lhe parece inútil porque as folhas caíram; é apenas uma fase existencial. Use a imaginação no outono do seu patrimônio e veja-se de posse dos bens e riquezas desejados. Assim como imagina, assim é.

Fortaleça a crença de que Deus lhe deu o poder imaginativo para desfrutar esse mundo maravilhoso que ele criou para você. Quer recusar esse presente de Deus por causa de crenças ambíguas e mal interpretadas?

Deus está a seu favor

O fato de imaginar-se a viver bem, confortável, ser feliz, ter Amor na vida, desfrutar das maravilhas do planeta, significa que esses sonhos foram colocados no seu coração pelo próprio Criador. Não frustre a generosa prodigalidade de Deus.

Suas crenças podem gerar forte oposição a essas verdades. Mas, acalme sua mente e medite sobre Deus, você e o mundo. Mande sua mensagem para o seu subconsciente, a Fonte interior, mas prefira mandar em forma de imagem acabada e pronta, já que nessa dimensão não há resistência.

Se auscultar seu íntimo, ouvirá a própria voz de Deus dizendo: "Vamos, crie, faça, desfrute". Ao chegar a esse ponto, sentirá um inescrutável estado de libertação. A alma desfiará eflúvios de serena alegria e encantamento diante das maravilhas que Deus pensou para você. Pensou através do seu pensamento. Como dizia Catherine Ponder: "O desejo é Deus batendo à porta da sua mente, tentando dar a você seu bem maior". E o desejo em forma de imagem é o exercício mais legítimo e divino do poder criador.

Imaginar através da meditação

Quando você medita, entra em estado de interiorização. Para que isto aconteça, precisa ultrapassar a barreira da agitação, da pressa, das comoções, das tensões e das urgências. A maior parte das pessoas vive mal porque naufraga no meio das ondas revoltas do dia a dia. O celular não deixa em paz nem no banheiro. O computador e a internet tornaram-se mais um órgão do seu corpo. O rádio e a televisão parecem ímã irresistível dos quais não consegue se livrar. A corrida do ouro, ou seja, do dinheiro, do capital, do lucro, tiram seu sono. E esse capítulo lhe diz para ultrapassar essas barreiras a fim de chegar ao paraíso da felicidade, da alegria, da sabedoria, do poder e da divindade. E da saúde, não esqueça isso. Então, o bom senso lhe avisa que vale mais um pobre com saúde que um rei doente. Mas, não interprete equivocamente: Tenha vida de rei, com saúde e em pleno estado de felicidade.

Pois bem, a sabedoria está dentro, Deus se manifesta de dentro, o poder está dentro, então vá para dentro, que aí está o mapa da mina.

Como?

Através do relaxamento. Há várias formas de relaxamento. Durante as últimas duas décadas buscou-se entender a origem do processo criativo. Foi perguntado a mais de 10.000 pessoas:

- De onde você obtém suas melhores ideias?

As respostas colhidas foram surpreendentes, especialmente considerando todo o tempo do dia que as pessoas passam no seu trabalho: 97% das pessoas entrevistadas responderam que tiveram as melhores ideias durante o banho, antes de dormir, quando, obviamente, não faziam nada; ou então quando a caminhar, a conversar, a meditar, a analisar, nas férias, e em outras atividades diversas. Apenas 3% obtêm as melhores ideias no trabalho.

Fazem-me lembrar um homem que me confessou: "Trabalho tanto que não tenho tempo de ganhar dinheiro!"

Albert Einstein teria dito: "Penso noventa e nove vezes e nada descubro; deixo de pensar, mergulho em profundo silêncio - e eis que a verdade se me revela".

A Sabedoria e o Poder estão dentro. Mas, para lá chegar, é necessário entrar em estado de calma, de vazio mental, de paz de espírito.

Vencer a superfície turbulenta é o primeiro passo para alcançar o eldorado mental, material e espiritual.

Há vários métodos de ultrapassar a agitação do dia a dia. Um deles é o relaxamento. Escolha um momento descompromissado, desligue celular, rádio, televisão, som, enfim qualquer ruído existente ou que possa acontecer. Se quiser deixar uma música de meditação, ótimo. Para acalmar-se, comece respirando várias vezes vagarosamente. A respiração controlada acalma a aceleração do coração físico, o nervosismo, enxuga a adrenalina, apazigua o emocional.

Um segundo passo ajudará mais ainda a relaxar: concentre-se em cada parte do corpo e mentalize que está relaxada, calma, funcionando na justa e reta ordem. Esta ação libera tensões. A seguir, conte de sete, (ou dez, ou vinte), a um, e diga-se que, à medida em que for descendo, estará entrando num nível mental mais profundo, mais perfeito, mais saudável, mais inteligente e mais feliz.

Chegou, enfim, o momento da mentalização daquilo que se propôs enviar para o subconsciente. Neste nível, sua palavra e sua imaginação adquirem poder irresistível, capaz de mover seu subconsciente à ação. Também, mencione suas qualidades desejadas e imagine-se conforme seu desiderato. Sempre calmamente, muito calmamente.

Se não tem criatividade ou vontade de seguir por si mesmo esse caminho, ouça um CD de mentalização. Eu mesmo gravei vários CDs com mentalizações de acordo com algumas finalidades mais comuns.

Outra maneira de descer aos domínios interiores é esvaziar a mente e se inspirar em fluxos transcendentes que emergem. Também a oração meditativa é ótimo caminho.

Fora dessa via, você pode sensibilizar seu subconsciente repetindo e repetindo e repetindo a imagem dos seus desejos. Toda repetição reforça a ideia na mente e mais rapidamente atinge o poder interior.

Quantas vezes você se flagra em voos imaginários e devaneios? Pois, esses castelos no ar, como se diz, também têm a força da imaginação.

Poder da imaginação, bendita invenção transformadora da vida e do mundo!

Nono poder

Poder do Milagre

Quando se fala em milagre, parece algo muito distante, longe das possibilidades, quase uma loteria em que poucos são agraciados. Não é assim.

Chega um momento na vida em que a pessoa anseia por um milagre. A situação fica tão impossível que só um milagre – dizem. Por certo, você já ouviu o médico dizer a respeito de um paciente: "Nada mais a medicina pode fazer. Agora, só um milagre".

Você acredita em milagre? Precisa acreditar. Existe. É possível. Depende só de você e de Deus ou alguma entidade da esfera sobrenatural, como Nossa Senhora, os santos e os anjos. Se esses agem por intermédio de Deus ou pelo poder que Deus lhes deu, isso não entra em causa. O que importa é que podem ser agentes de milagre. Veja os inúmeros milagres que acontecem nos santuários das aparições da Virgem Maria ou nas igrejas dedicadas a santos. Existem os santos e santas das causas perdidas, dos desesperados, dos doentes, dos que precisam urgentemente sanar problemas financeiros e, nesse caso, Santo Onofre está às ordens, segundo a tradição.

O milagre acontece, como disse, por intervenção divina.

A forma de entrar em contato com a Divindade

é a oração. Oração, como você sabe, é uma conversa com Deus. Conversa, qualquer tipo de conversa, não precisa que sejam as preces tradicionais dos livros de reza. Conversa - você dizendo aquilo que pretende dizer a Deus. A via de comunicação entre Deus e o ser humano tem o nome de oração. E a intimidade com Deus é a melhor oração.

Jesus revelou que todos temos o poder do milagre. Ele é autoridade. Ele sabe das coisas do céu e da terra. Se ele disse, está dito.

Blaise Pascal, nome bastante conhecido, foi matemático, físico, filósofo moralista e teólogo. Nasceu em Clermont-Ferrand e faleceu em Paris. (1623-1662). Em 1647, dizendo ter-lhe acontecido uma "visão divina", passou a dedicar-se à teologia. Escreveu vários livros, entre eles um tratado sobre espiritualidade e fez a defesa do cristianismo, inspirado em Santo Agostinho. Consta que se convertera ao catolicismo precisamente pelos milagres que observou e os estudou.

Disse ele, certa vez:

"O homem está sempre disposto a negar tudo aquilo que não compreende".

É o seu caso? Pois, você não está só nessa dança. Tem consigo um cortejo de milhões. Mas, a verdade não depende da opinião da maioria, verdade é verdade, sejam quais forem os conceitos humanos.

Se não acredita em milagres, nem por isso deixe de analisar o que dizem sobre ele. É preciso dar chance ao aprendizado. Não permaneça fechado apenas no seu pequeno mundo de verdades e tradições. Vou repetir-lhe a velha e surrada frase de Shakespeare: "Há mais coisas entre o céu e a terra do que pode supor nossa vã filosofia".

Há mais coisas entre o céu e a terra do que tudo que sua mente consciente abriga. O sábio, por ser sábio, é humilde, acha que pouco sabe. O ignorante e o medíocre são soberbos, pensam que sabem tudo.

O homem não contém em sua inteligência o conhecimento de todas as verdades. Vai adquirindo na medida de sua evolução. Então, é conveniente ouvir a palavra de Michel de Montaigne, pensador e ensaísta francês, (1533-1592):

"É uma presunção perigosa e fútil, além de uma absurda temeridade, ter desprezo pelo que nós não compreendemos".

Conheço gente que nega tudo que não compreende. Há, também, os que rejeitam qualquer ideia que não bata com suas crenças. Esses continuarão imaginando que o sol gira em torno da terra.

No outro dia, me contaram a história de que Jesus, compadecido com o sistema de saúde brasileiro, resolveu vir ao Pronto Atendimento do SUS, a fim de ajudar. Vestiu jaleco de médico, colocou o aparelho de pressão em torno do pescoço, se aproximou do médico de plantão, já exausto de tantas horas de atendimento, e disse-lhe: "Pode ir embora que eu vou atender as pessoas".

De imediato, gritou: "O próximo!" Aproximou-se um paralítico em cadeira de rodas. Jesus impôs as mãos sobre a cabeça do homem e disse: "Moço, levanta-te e anda!" O homem levantou-se e saiu porta afora empurrando seu carrinho de rodas. Quando percorria o corredor, os outros doentes lhe perguntaram:

- E aí, como é esse novo médico?

- Igualzinho aos outros, nem examina a gente.

Assim agem certos indivíduos: o milagre acontece e eles continuam se queixando de tudo e de todos. Muitos estão vivos por graça divina e só pensam na morte, outros são curados mas acham que o remédio não faz efeito, e há os que recebem a graça de Deus, mas estão preocupados demais com sua desgraça que nem percebem a cura.

Por favor, acredite no milagre, preste atenção nos passos da cura, observe os sinais de Deus nas mudanças que passam a ocorrer na sua situação e jogue sempre a favor do milagre.

O que é um milagre

O que é um milagre? É um efeito, um resultado, um fato ou fenômeno, que transcende os meios usados para produzí-lo. No milagre, os meios naturais empregados não têm capacidade de produzir o efeito que aconteceu, sendo impositivo aceitar outra causa. Por exemplo, se eu bebo água de Fátima para curar-me de uma úlcera e no mesmo instante ocorre a cura, evidentemente trata-se de milagre, porque a água natural não tem propriedades para curar-me de repente de uma úlcera. Quando Jesus curou o cego ao passar saliva em seus olhos, quem dirá que a saliva teve essa capacidade curadora? Já ouviu a história do general sírio Naaman, que tinha a doença da lepra? Pois, Naaman ouviu falar que havia um profeta milagroso em Jerusalém e partiu com sua comitiva rumo à capital de Israel. Bateu à porta do Profeta Eliseu, que não o atendeu pessoalmente, mas mandou banhar-se sete vezes nas águas do rio Jordão. O General ficou furibundo: "Então, faço uma viagem dessas, com tanto sacrifício, e o Profeta comete o desatino de me mandar banhar-me no rio Jordão, riozinho insignificante, quando temos na Síria rios muito mais importantes?! Esse Profeta é maluco!" E decidiu ir embora, quando, então, a doméstica judia sugeriu que fizesse o que o Profeta mandara, pois era tão fácil e simples banhar-se sete vezes no Jordão. Por que não fazer isso? Se fosse algo complicado, vá lá! Naaman cedeu, banhou-se sete vezes, e ficou curado. É evidente que não foi a água do Jordão que curou Naaman, mas foi um milagre de Deus por meio da palavra do Profeta

Eliseu, através da água do Jordão. O meio empregado para que acontecesse o milagre da cura foi o Profeta Eliseu. Banhar-se sete vezes no rio foi o ritual para levar a mente de Naaman a acreditar na cura. Há multidões que fazem longas e sacrificadas caminhadas à Lourdes, Fátima, Aparecida, Medianeira, ou a qualquer outro santuário, acreditando que esse ritual tem o poder do milagre. Outros acreditam que uma novena, ou a reza de tantos terços, lhes abre a bondade de Deus para a concessão do milagre. Anos atrás, eu atendia uma capela muito simples num arrabalde de Santa Maria. Certo domingo, um senhor veio me dizer que alcançara um milagre como resposta a uma promessa que fizera. E a promessa era que o padre Lauro rezaria cinquenta terços se a promessa se cumprisse. Alcançada a graça, caberia a mim pagar a promessa do homem. Respondi: A promessa é sua, a graça é sua, o cumprimento é seu. Vá rezar você os cinquenta terços.

Quando se fala em milagre, parece algo muito distante, longe das possibilidades, quase uma loteria em que poucos são agraciados. Não é assim. O poder do milagre é simples e fácil. Obedece à Lei do Pedi e Recebereis, ensinada por Jesus. Quando você pede uma graça, um milagre, uma cura, uma solução impossível pelos meios humanos, pense no poder do milagre, que ocorre pelo poder de Deus. E, para Deus, nada é impossível – avisara Jesus.

Agora preciso revelar-lhe um segredo: milagre não combina com resignação. Resignar-se é aceitar uma situação como irreversível. Ora, se, para você, o problema não tem solução ou a doença não tem cura, isso se chama resignação. O resignado se conforma com a desgraça e isto significa que não acredita no milagre. Se não acredita em milagre, não adianta orar, pedir a Deus, fazer novena, apelar para toda a corte celeste. Ele quer que a lâmpada acenda, mas não liga a chave.

Diante de uma situação dolorosa, muitos singelamente dizem: "Bem, deixo nas mãos de Deus!" Foi isso que Jesus ensinou? Não foi. Se Deus agisse independente da sua vontade, estaria rompendo o dom da liberdade concedida ao ser humano. É necessário pedir e acreditar. O milagre é a resposta. Como pode haver resposta sem pedido?

Volto a um componente essencial para que haja milagre: acreditar. Acreditar que Deus tudo pode e que atende à súplica. Isto se chama fé.

Vale pedir milagre para outra pessoa?

Uma consideração necessária: Quando você ora a Deus, ou a alguma Entidade Sobrenatural, pedindo a cura de uma pessoa querida, esse gesto é muito bom. É uma ajuda e tanto. Mas, é importante que a pessoa por quem você reza também deseje a cura. Se ela estiver desanimada ou não acredita, está bloqueada a via de acesso ao milagre. A sua vontade tem valor absoluto para si, mas só será ajuda ao outro se ele estiver sintonizado nesse pedido. Primeiro, faça a pessoa, seja mãe, pai, marido, quem for, sintonizar nesse anseio e nessa crença do poder de Deus para a cura. A pessoa necessitada deve deixar aberto o canal mental para que a cura ou a solução possa acontecer. Há bloqueio quando alguém insiste: "Não adianta, meu caso não tem cura, estou completamente desanimado, já desisti, não acredito em mais nada, estou sofrendo porque tenho que sofrer..." O paciente tenha a humildade e o bom sentimento de aceitar a ajuda e cooperar para que se manifeste a bondade de Deus. Então, o canal interno da pessoa necessitada estará aberto e as energias espirituais se somarão para que suceda o milagre.

- Mas, se a pessoa está inconsciente?

- Não significa que não tenha o desejo da libertação e da cura. Diga algumas palavras, convidando a que se una a esse momento de prece pela cura. Motive-a a ter fé na cura, sem se preocupar se está ligada ou não. Reze, inicialmente em voz alta, a ponto de sua palavra ser ouvida pelo doente. A oração é uma Luz poderosa, capaz de iluminar a mente da pessoa e, assim, fazê-la harmonizar-se com a mente orante e com o pedido de sanação. Segundo os cientistas, ainda que a mente consciente esteja desligada, a mente subconsciente está sempre acesa, e a prece, sem dúvida, alcançará o subconsciente da pessoa.

Quando a pessoa falece apesar das orações

Caso o enfermo venha a falecer, não se queixe de que Deus tenha falhado ou se negado a atender à prece. Você não tem condições de julgamento, não sabe se o paciente realmente queria a saúde ou se acreditava na recuperação. Pode ser que o enfermo tenha desistido de viver devido aos sofrimentos insuportáveis e às condições em que se encontra.

Por outro lado, sempre faz sentido supor que nossa capacidade de compreensão das dimensões sobrenaturais tem limites. E os desígnios de Deus são insondáveis. Mas, feitas as preces, há que se sentir em paz, aconteça o que acontecer.

Talvez você esteja colocando a questão de uma criancinha, sem o uso da razão, em situação de doença grave: Como poderia ela sintonizar com esse desejo de recuperação da saúde?

Acontece que todo ser vindo a este mundo, veio para viver. Está no seu DNA, na sua essência vital, o projeto da vida, por isso o seu subconsciente está sempre sintonizado nessa vontade divina.

Quer um conselho?

Ao rezar pela saúde de alguém, ou mentalizar, tenha confiança e fé, sinta-se confortado por essa boa ação e não se preocupe por tudo o mais. Deus é bom, Deus é Pai, Deus quer o bem de seus filhos, e isso basta.

E se estiver na hora da partida, sobra a crença de que na “casa do Pai há muitas moradas”.

Décimo poder

Poder da Vontade

A vontade decidida,
vigorosa e entusiasta, é
poder que conduz à ação.

Li, dias atrás, esta frase atribuída ao cientista Albert Einstein: "Há uma força motriz mais poderosa que o vapor, a eletricidade e a energia atômica: a vontade.

Qual seria a diferença entre o poder da vontade e o poder da mente?

O Poder da Vontade está no empenho, na determinação, na garra, na força interior.

O poder da mente está na determinação do consciente e na ação do subconsciente.

A vontade atua pela força interior e exterior. O subconsciente age por si.

A vontade exige esforço e persistência para chegar ao objetivo.

O poder da mente conduz ao resultado.

O poder da vontade pode frustrar-se.

O poder da mente e o poder da fé não falham.

De fato, o poder da vontade pode frustrar-se. Os exemplos o demonstram: os ébrios que querem parar de beber, mas muitos deles acabam por voltar à bebida, apesar da vontade honesta e séria. Os viciados em drogas que juram que tem vontade de livrar-se da droga, fazem desintoxicação, prometem aos pais e aos filhos que não querem nunca mais saber de droga e, para decepção de todos, inclusive deles, voltam a cair. Certas pessoas que lutam, mas não conseguem conter suas explosões de ira e ficam frustradas com a precariedade da força de vontade. E as pessoas com Toc - transtorno obsessivo compulsivo - que detestam as atitudes indesejadas, mas não conseguem vencer o problema, embora o desejem vigorosamente. Tenho um amigo que não consegue usar o elevador do prédio, apesar da vontade. Sente-se impelido a usar a escada. Ainda bem que os cardiologistas dizem que subir escadas é bom para o coração.

Mas, não desanime. Ainda hoje o mundo funciona pelo Poder da Vontade. Faço aqui vibrante apologia do Poder da Vontade, porque tem sido o impulsor do progresso e da evolução. Aí estão os heróis, os pioneiros, os que dão a vida por um mundo melhor, os que avançam de bandeira em punho à frente de grandes causas.

A vontade é uma energia poderosa muito importante na realização de qualquer objetivo. É até mesmo essencial à vida, pois, se você não tiver vontade de alcançar algo, está bloqueando todas as vias realizadoras.

Se não há vontade, o desejo morre. Não havendo desejo, assunto encerrado.

Nem sempre a vontade consegue o objetivo,

mas é o ponto de partida para qualquer realização.

Nessa relação de quinze poderes, se usássemos a comparação com os arcanos maiores e menores do tarô, a vontade estaria entre os arcanos menores, assim como a imaginação, o trabalho, a sugestão, a imaginação e a repetição.

Embora exigindo esforços, a vontade é estupendo poder realizador de muita coisa. Mahatma Gandhi disse:

"A força não provém da capacidade física e sim de uma vontade indomável".

A maior parte das pessoas confia mais na vontade férrea de atingir o objetivo do que em qualquer outra coisa. Enfrenta dificuldades, oposições, obstruções, cansaços, mas teima em chegar à meta planejada. A vontade inflexível faz o sucesso, na maioria dos casos.

Os grandes feitos bélicos, descobertas, invenções e conquistas, devem muito à "vontade indomável" dos seus heróis.

O General cartaginês Hannibal Barca, na segunda guerra púnica, para tomar Roma pela parte menos guarnecida e nunca imaginável, realizou a façanha incrível de atravessar os Pirineus e os Alpes com 50.000 soldados, 12.000 cavaleiros e 37 elefantes, sem falar dos equipamentos e tralhas. Que força de vontade impermeável essa capaz de realizar tão incrível façanha! Por certo, era impelido pela promessa feita ao seu pai Amilcar, quando adolescente: "Juro que, enquanto a idade me permita, empregarei o fogo e o ferro para romper o destino de Roma!"

Jovens sem vontade

Diz o ditado que querer é poder. Quando você vê por aí moços à deriva, sem ideal, sem sonhos, jogados ao léu do vento, entenda que não são maus, são pessoas que não se encontraram, não acharam seu caminho, estão confusas em relação a si mesmas e ao que possam querer da vida. Parecem indivíduos preguiçosos, abúlicos, irresponsáveis. Mas, de repente, surge uma situação inusitada que mexe com suas emoções, acende sua energia adormecida, explode seu entusiasmo, e, pronto, se atiram ao objetivo com "vontade indômita". Não raro, jovens, moços, vivendo sem projeto nenhum, metidos a playboys, vagabundos de bares, diante de um terremoto existencial, como a perda do pai que dirigia uma empresa, sem mais nem menos assumem o empreendimento, mudam de vida e alcançam sucesso antes inimaginável. Vontade, muita vontade motivada.

Já tenho visto moços girando mundo como mosca tonta até o dia em que algum ciclone interno sacudiu seus brios adormecidos e mudaram de vida radicalmente, assumindo compromissos com garra e determinação.

A vontade decidida, vigorosa e entusiasta, é poder que conduz à ação.

Vontade e motivação

A vontade é movida poderosamente pela motivação. Muitas vezes, a simples vontade não tira viciados da droga, da bebida, do cigarro, enfim de hábitos arraigados, como já disse. Esses hábitos, por mais prejudiciais que sejam, formam uma espécie de zona de conforto e só mesmo uma benfazeja tempestade de motivação impulsionará a vontade para a vitória sobre esses paredões, às vezes considerados intransponíveis.

Conheço pessoas que foram internadas em hospitais para desintoxicação do efeito das drogas, saíram limpas, mas logo voltaram à velha prática. Não houve motivação para deixar definitivamente o vício. Somente uma força maior poderá derrotar uma força menor. Somente o carro que corre mais que o outro vence a corrida. Vontade, por certo, todos têm, mas esta necessita de impulsão entusiástica. Uns se voltam para Deus e sua conversão torna-se a força maior que os liberta. Outros não resistem aos sofrimentos de esposa, ou pais, ou filho, e se libertam definitivamente. Muitos, quando se percebem em estado horrível de degradação, resolvem mudar de vida e conseguem vencer a batalha pessoal. Às vezes, até um casamento torna-se motivo para a ação prodigiosa da vontade.

A falta de vontade gera estagnação. Quando você recebe um convite e responde: "Não vou, não tenho vontade", fica claro que não vai mesmo. Nada acontece. A roda parou. Inércia.

A falta de vontade morre nas palavras ao passo que a vontade forte culmina em atos.

Doenças da vontade

Uma das doenças psicológicas que afetam a vontade é o medo de não conseguir, de errar, de perder dinheiro, de ser mal interpretado, de não dar certo. O medo inibe a vontade. A incerteza também fere a vontade. Experiências frustradas e decepcionantes podem abater a força de vontade.

Evite conflitos entre a sua vontade de querer alguma coisa e a sua mente que lhe avisa que não vai conseguir. Se esta dominar, não conseguirá. Você precisa se convencer de que conseguirá, custe o que custar.

E não tenha medo de errar. Não fuja da raia pelo medo de errar ou de perder. Erga a bandeira da coragem e vá à luta. Errar faz parte da vida, por isso não se detenha. É com os fatos que se aprende na vida e não se escondendo no porão, com medo de enfrentar.

E nunca abandone a ousadia pelo medo de perder. Prepare-se, sonhe grande, acredite, mentalize, agarre-se na vontade entusiástica, e avance. Mesmo diante de insucessos, continue, que perder uma batalha não é perder a guerra. Se souber aprender a lição, não perderá nunca.

Também, cuidado com sua imaginação quando ela se contrapõe à sua vontade. Você leu, ou lerá, no capítulo do Poder da Imaginação, que ela domina a vontade. Torne-a parceira da vontade, que, assim, se somarão duas forças poderosas. Se você tem imensa vontade de caminhar sobre as brasas na noite de São João, mas sua imaginação disser que não conseguirá sem se queimar, lembre que a imaginação é mais poderosa que a vontade. Imagine-se passando nas brasas sem se queimar; imagine, por exemplo, que tem madeira debaixo dos pés, ou uma graxa imune ao fogo, então sua imaginação estará a seu favor.

Como disse acima, faça com que a imaginação se una à sua vontade, então as forças se multiplicarão.

O desejo, o prazer, o amor, a paixão, a ambição, a felicidade, a premiação, acendem a vontade, que conduz à ação, que conduz à realização.

Querer é poder.

Décimo-primeiro poder

Poder de Jesus Cristo

"Todo poder me foi dado no céu e na terra". "Tudo que pedirdes em meu nome eu vos darei". Jesus.

Se você não é ligado em religião nem em Jesus Cristo, pule este capítulo. Não resmungue, não xingue, passe adiante, simplesmente passe adiante, numa boa, como se diz. Mas, se, mesmo alheio à religião, ainda assim lhe ficou aqui um pouco de curiosidade, tente ver o que acontece neste território. Digo-lhe mais: não é preciso ser ligado em religião para descobrir e usar o Poder de Jesus Cristo. Gostaria muito que você lesse sobre este Poder, mesmo se tomado de indisposição por tudo que diga respeito à religião. Na pior das hipóteses, encare Jesus como um ser transcendental, que veio trazer novos rumos e novos conhecimentos a uma humanidade tão precária e primitiva.

Na verdade, o poder mais invocado no ocidente é o poder de Jesus Cristo, não somente pela fé nele, mas também porque ele afirmou várias vezes que tudo que fosse pedido em seu nome, ele infalivelmente atenderia.

Primeiramente, ele garantiu que tinha poder de ajudar a todas as pessoas, fosse qual fosse o tamanho do problema:

"Todo poder me foi dado
no céu e na terra".
Depois, garantiu:
"Tudo que pedirdes em meu nome
eu vos darei".

Que ele tinha todo poder o demonstrou ao longo de sua jornada neste planeta.

Poder de cura: nenhuma enfermidade, mesmo incurável, ou anomalia de nascença, resistiu à sua palavra.

Poder sobre a natureza e a matéria: transformou água em vinho, multiplicou pães, acalmou as ondas revoltas do mar, serenou os ventos, fez aparecer moeda na guelra de um peixe, fez secar a figueira que não produzia frutos, saiu da mortalha deixando-a intacta, removeu a pedra do sepulcro com sua luz radiante.

Poder sobre a vida: Ressuscitou Lázaro e o filho único da viúva de Naim.

Poder sobre a mente: curou dementes e esquizofrênicos.

Por falar em mente, João disse que ele possuía todos os dons paranormais e sobrenaturais:

"Agora sabemos que sabes tudo e não necessitas das perguntas de ninguém. Por isso cremos que saíste de Deus". (16,30).

E Mateus relata que ele era conhecedor dos pensamentos. (Mt,12,25,30)

Jesus avisou que ele seria resposta a todo e

qualquer pedido:

"Pedi e dar-se-vos-á; procurai e achareis; batei e abrir-se-vos-á; pois todo aquele que pede recebe, quem procura acha, e a quem bate abrir-se-lhe-á".

Tudo meridianamente claro. Muito claro. Não pôs nenhum limite ao que se lhe pedisse. Até, certa vez, clarificou mais ainda esta revelação: "Seja o que for que desejardes, quando orardes crede que tendes alcançado e alcançareis".

Seja o que for – eis o mapa da mina. Qualquer coisa que você precise ou deseje, está dentro do conceito "seja o que for que desejardes". Não fique chorando as mágoas e se deprimindo porque algo deu errado na sua vida. Peça a solução. Mas, primeiro o óbvio: saiba o que você quer. Sem saber o que deseja, sequer conseguirá pedir, apenas continuará sua ladainha de lamúrias.

Por incrível que pareça, bilhões de pessoas só sabem se queixar. Não percebem que a queixa nada mais faz do que aprofundar o tamanho e a profundidade da queixa. Tudo que remói, cresce – é a Lei.

Nem um milhão de reclamações pode produzir um centímetro de resultado positivo. Anote novamente esta Lei: "O semelhante atrai o semelhante, ou seja, os iguais se atraem". Lamúrias atraem o conteúdo das lamúrias, ao passo que todo pedido atrai a resposta do pedido. Não perca tempo e energia com queixumes. Não seja você muro das lamentações, como aquele de Jerusalém.

Vou lhe contar uma história, que li, há dias: "Um rapaz pediu a Jesus um emprego e uma mulher que o amasse muito.

No dia seguinte, abriu o jornal e leu um anúncio de emprego. Foi lá, viu a fila muito grande, e resmungou: "Eles são melhores do que eu!". Foi embora.

Tomou o ônibus de retorno e, no trajeto, uma criança lhe deu uma rosa. Ele, desolado com a situação, jogou fora a flor.

Ao chegar em casa, reclamou duramente a Jesus:

- É assim que me tratas? É assim que me amas? Estou decepcionado!

Foi dormir muito triste.

Em sonho, Jesus lhe apareceu:

- Está triste por quê? Reclamando de quê? Dei-lhe um bom emprego, mas você não confiou em mim e desistiu antes de lutar. Lembra-se daquela rosa que inspirei a criança a lhe entregar? Era para oferecer ao Amor da sua vida, aquela jovem linda e especial sentada ao seu lado, mas você jogou a flor pela janela do ônibus. Está reclamando de quê?

Entendeu a história? Esteja atento para ouvir a Sabedoria interior. Saiba que todo pedido tem atendimento. Foi o que ele ensinou. Ao fazer seu pedido, acredite que assim é e assim será. Pode agradecer.

Não esqueça de agradecer. O agradecimento é a melhor confirmação da sua fé no atendimento.

Jesus ensinou duas maneiras para você usar o poder. Primeira, colocando ao seu conhecimento a Lei do Pedi e Recebereis. A segunda maneira é principalmente para aqueles que não acreditam em si, para os que acham que não têm esse poder, ou pensam que lhes falta mérito para alcançar a graça desejada. Para essas pessoas, ele assumiu a responsabilidade de fazer valer o poder: avisou que tudo que fosse pedido em seu nome, seria alcançado. Ele pessoalmente obteria para a pessoa.

É como se alguém lhe dissesse: - "Já que não sabe dirigir o carro, deixe que eu dirijo por você". O milagre, nesse caso, ocorre por conta de Jesus. Ao invocar o nome de Jesus, esta é a senha para que ele assuma o pedinte diante do Pai. Veja o que ele disse:

"E tudo quanto pedirdes em meu nome, eu o farei, para que o Pai seja glorificado no Filho. Se pedirdes alguma coisa em meu nome, eu o farei".

Tudo muito claro. Até repetiu, para que você não tenha dúvida.

Vamos que você não se ache em condições de acreditar que basta o seu pedido para que o resultado aconteça, então Jesus lhe deu uma chance carinhosa: "Peça em meu nome, peça em meu nome, que assim meu Pai celestial jamais poderá negar. Esqueça suas fraquezas, seus deméritos, me ponha na frente da sua palavra e eu a farei chegar ao Pai, que a mim Ele não nega de jeito nenhum".

Use o Poder de Jesus. Em termos de poder, ele é um arcano maior.

Como usará o Poder de Jesus

A maneira como você pode usar o poder de Jesus Cristo é através do pedido, segundo ele ensinou: "Tudo que pedirdes em meu nome, eu o farei".

Diga o que você quer. Não adianta ficar lendo calhamaços religiosos se não disser o que deseja. Também, nesse caso, a reza do terço é um devocionário que não diz o que você quer alcançar. Mencione ao Nazareno o que você almeja, com a simplicidade que usaria para falar com seu pai. E com confiança absoluta. Não se preocupe, não desconfie da promessa do Cristo, não se perca em ansiedades, mas mantenha-se na alegre expectativa do recebimento.

Décimo-segundo poder

Poder da Oração

"E tudo que pedirdes com fé na oração ser-vos-á dado". Jesus.

A oração é o método mais comum de pedir. Todos pedem, poucos sabem pedir.

A oração, como já expliquei, é a forma de comunicação com as esferas sobrenaturais.

Toda vez que você se dirige a Deus, a Nossa Senhora, aos santos e anjos, essa comunicação se chama oração.

Quando você entra em contato com alguém nesse mundo, esta comunicação se chama conversa, diálogo, discussão, polêmica, reclamação, só não pode chamar-se oração, porque esta faz a ligação entre o finito e o Infinito.

Resta saber se é possível essa comunicação. Acredita você que tem alguém na escuta quando liga sua mente a Deus ou a algum santo? Será que existe a possibilidade de estabelecer contato com o Planeta Divino ou com a dimensão espiritual celestial ?

Se você entabula uma conversa com Santo Expedito, por exemplo, ele ouvirá sua palavra interior? Ou será vã a sua tentativa? Como funciona essa comunicação? Existe uma agência que recebe os pedidos e as preces? Não sei se você se faz esses questionamentos ou ora tranquilamente sem entrar em elucubrações estéreis. Tem gente que, mesmo não acreditando, ou duvidando, que Nossa Senhora esteja atenta, reza a ela e até faz peregrinações sacrificadas em busca do milagre que ela talvez possa realizar.

Certa vez, li esta frase de Voltaire:

"A fé consiste em acreditar quando está além do poder da razão acreditar. Não é necessário que uma coisa seja possível para que nela se acredite".

Interessante essa ideia do Voltaire: "Não é necessário que uma coisa seja possível para que nela se acredite". Voltaire, (1694-1778), foi afamado filósofo do Iluminismo, autor de inúmeras obras.

Não raro, as pessoas apelam para a oração justamente quando se esgotaram as possibilidades naturais. A oração, como se dirige a um Ser Superior e todo-poderoso, transcende os limites humanos.

Um homem me disse que não tinha fé, por isso não rezava. Achava impossível que Deus, ou algum mensageiro dele, se ocupasse dos mortais que habitam esse minúsculo planeta perdido na imensidão do cosmo. Disse-lhe simplesmente que a fé é individual e que orasse como se a tivesse e a fé lhe seria dada. No momento em que abrisse sua mente e seu coração para uma prece, a Sabedoria Infinita encontraria espaço para se manifestar. Os mistérios se desfazem quando o coração e a mente se colocam em silêncio reverente diante do Infinito. Conheci pessoas que foram à Fátima, em Portugal, simplesmente como turistas e saíram de lá chorando de emoção. E nunca mais deixaram de rezar. Também já vi pessoas duras como pedra entrarem num santuário de aparições, com o nariz empinado de tanta incredulidade, e de repente se ligarem na piedade dos devotos, na monotonia das preces e no ardor dos cânticos. Acabaram saindo de lá com a alma aliviada, sentindo uma paz inconcebível.

Aqui podemos invocar a autoridade de Jesus:

"E tudo que pedirdes com fé na oração ser-vos-á dado".Mt 21,22

O evangelista Marcos registrou essas palavras de Jesus:

"Crede que recebereis tudo quanto pedirdes na oração e vos será dado". (11,20-26).

Pois bem, agora você já tem a palavra de Jesus, um Ser de inaudita Sabedoria e de ilimitados conhecimentos sobre o mundo sobrenatural.

Já citei, mais acima, esta frase do apóstolo João, mas penso que vale a pena repeti-la aqui: "Ora, sabendo que atende aos nossos pedidos, sabemos que receberemos o que pedimos).(1Jo5,14-15). Lembra-se desta citação?

Estava sentado num banco da Estação Rodoviária à espera de um amigo, quando um senhor me reconheceu e se aproximou para me saudar. Aproveitou para desafogar-se:

- Estou passando por problemas complicados,

mas nem a reza está me ajudando.

Respondi-lhe:

- Sabe por que a reza não está ajudando você?

Ele ficou pensativo, sem saber o que dizer.

- Não está ajudando porque você não está rezando, mas apenas se queixando a Deus. A queixa nada mais significa do que queixa, não acrescenta nada, não diz o que quer. Como a oração vai ser atendida se não tem o que atender? Se você disser a Deus: "Eu estou mal, não me sinto bem, tenho problemas", seria o caso de Deus responder-lhe: "Está bem, já ouvi, você está mal, não se sente bem, tem problemas".

- Cansei de pedir – insistiu ele.

- Pediu ou apenas se queixou? Jesus falou que tudo que se pede em oração se alcança. Peça e descanse – observei-lhe.

- Falou? Então falou demais – reclamou ele – porque minhas orações até agora tiveram resultado zero. Zero ao quadrado.

- Talvez você não saiba em que se fundamenta o poder da oração.

- Explique-me.

- Se vai ao banco, assina um cheque retirando parte do seu depósito, duvida que o banco se negue a lhe entregar o que é seu? Pelo contrário, aguarda tranquilamente junto ao guichê, já prelibando o que fará com o dinheiro.

- E daí? Que tem a ver isso com a oração?

- Quando você reza, não vai pedir algo impossível, mas vai apenas receber o que lhe pertence. A oração é retirar do Banco Infinito o que lhe está reservado. O que você deseja está em depósito, é seu, lhe pertence, e está esperando por você. Sua oração é ordem de recebimento, como no cheque que emitiu para retirar seu dinheiro do banco. O que falta a muita gente quando ora é exatamente essa certeza de que é assim que funciona.

- Pois é – duvidou o homem.

- O apóstolo Tiago garantira numa de suas cartas: "E a oração acreditada curará o enfermo e se tiver pecados serão perdoados". A oração da fé não apenas cura enfermidades, mas tudo alcança – foi o que proclamou o Cristo.

- Tudo mesmo? – sorriu ele ironicamente.

Notei que se fazia necessário desenvolver um pouquinho a tese do "pedi e recebereis".

- Muitos pensam que a oração que contém pedido simples é atendida e a oração que pede milagres, soluções dramáticas, resolução de problemas sem saída, essa não tem como ser atendida. O atendimento não depende do tamanho e nem da gravidade do pedido, mas do tamanho da fé. Se pede e crê na resposta, acontecerá. Se pedir e não acreditar no atendimento, nada ocorrerá. Essa é a diferença.

Olhei para o relógio, levantei-me, pedi licença e me dirigi à plataforma, que o ônibus já estava estacionando.

Provavelmente o homem deve ter recebido um bom assunto para meditar. Um dia, ouvi um padre reclamando no sermão que muitos vivem a Religião do Pidão, só sabem pedir e fazem verdadeiras avalanches de pedidos. Eu penso exatamente o contrário. Gosto da Religião do Pidão. Pedir é bom e quanto mais alguém pede, mais eu acredito na fé dessa pessoa. Se ela não confiasse no retorno, não pediria. E pedir pouco dá a entender a suposição de que o Depósito Infinito é pequeno e sem condições de atender a todos. Também, a crítica contra os "pidões" sugere a ideia de que Deus fica chateado com tantos pedidos e não os vê com bons olhos, como se diz. Posso garantir que, para Deus, receber pedidos é uma imensa alegria e dar é prazer maior ainda. Um pai não tem prazer em atender os pedidos dos filhos na medida de suas possibilidades? Não será verdade aquela crença de que mais feliz é quem dá do que quem recebe?

Antes de mais nada, lembro que toda oração está dizendo algo que vai ao encontro da resposta correspondente. Resposta correspondente significa que você só recebe o que pediu, nada mais. Se pede paz, recebe paz. Se pede riqueza, recebe riqueza e riqueza não é sinônimo de felicidade. Quer felicidade? Peça felicidade. Mas, se pede felicidade, tem que saber o que signfica para você felicidade.

Qual é sua oração?

Orar é poder. Toda oração é exercício de poder. Qualquer prece aciona o poder. Então, evite orações negativas, eivadas de crenças equivocadas, que proclamam desejos de sofrimentos, pobreza, abandono, apequenamento espiritual. Vejo livros de cantos e orações que fomentam a pobreza. Você acabará sendo atendido. Depois, terá que reverter a situação pedindo que Deus livre você da pobreza, do sofrimento, do abandono, da carência e da miséria espiritual.

Seja sua prece alegre, positiva, benfazeja e de cunho saudável e agradável. Que a sua oração acrescente, não que diminua.

Quando você vai ler orações impressas ou comunitárias, verifique se é realmente isso que deseja para si. Se colocam você na pobreza, em obrigações, regras, compromissos, silencie, porque fazem parte de ideologias antiquadas e equivocadas, uma vez que só existe uma forma de relacionamento com Deus e com as coisas de Deus: amor. Nenhuma oração que expresse amor em seu bojo será sem significado para Deus. Tudo que é espontâneo, livre, prazeroso, idealista, amoroso, é aceito carinhosamente pelo Infinito. O que não é assumido de boa vontade não conta mérito. Um prisioneiro que é condenado a trabalhar dez horas por dia, dormir apenas quatro horas por noite, ler quatro livros por semana, rezar vinte rosários diariamente, ler duzentas páginas da bíblia de manhã e de tarde, não é um santo, é alguém obrigado a trabalhos forçados. Que não seja o seu caso.

Religião é a emoção de um belo relacionamento de amor com o Pai Celestial, feito livremente. Religião e oração não rimam com obrigação, culpa, medo e ameaças.

Orar é visitar prazerosamente o Pai, contar-lhe coisas e pedir o que precisa e deseja.

Oração é poder. Muito poder. Todo poder.

Décimo-terceiro poder

Poder do Espírito

O habitáculo divino do Poder e da Sabedoria é o espírito e a morada do espírito pode-se dizer que é o coração.

O ser humano é corpo, mente, coração afetivo e espírito. O espírito é santo porque é infusão da Divindade na criatura humana. Como é Divindade, possui atributos divinos: imortalidade, amor, sabedoria inata e poder criador.

Diz o livro da Sabedoria: "A Sabedoria é um eflúvio do poder de Deus, uma emanação puríssima da glória do Onipotente, pelo que nada de impuro nela se introduz. Pois ela é um reflexo da luz eterna, um espelho nítido da atividade de Deus e uma imagem da sua bondade. Sendo uma só, tudo pode; sem nada mudar, tudo renova... Sobre a Sabedoria não prevalece o mal. Alcança com vigor de um extremo ao outro e governa o universo retamente. (Sab 7,25-30).

A bíblia diz que "a Sabedoria é um eflúvio do poder de Deus". Pela Sabedoria imanente no ser humano flui o poder de Deus. "A Sabedoria, sendo uma só, tudo pode". Avisou, ainda, a bíblia, que a Sabedoria, emanada do espírito, é poder contra o mal. A Sabedoria emana do espírito.

É bom distinguir entre cultura e sabedoria. Sabedoria é imanente, é eflúvio da Divindade. Cultura é aquisição de conhecimentos através da mente racional.

Anoto também outro registro da bíblia: A sabedoria garante longos anos de vida, riqueza e honra, e "os seus trilhos são de prosperidade". (Provérbios, 13,18)

Em provérbios, a bíblia recomenda usar os ganhos para adquirir Sabedoria, pois a recompensa virá no sentido de que ela propiciará crescimento, enriquecimento, iluminação, e cobrirá de glória a pessoa. Enriquecimento é resultado de trabalho conduzido pela inteligência e pela cultura, sendo que ambas são extratos da Sabedoria imanente.

Veja o texto:

"O princípio da sabedoria é: Adquire a sabedoria; com todos os teus ganhos, adquire a inteligência! Conquista-a e ela te fará crescer; abraça-a e ela te honrará; porá em tua cabeça um formoso diadema e te cingirá com brilhante coroa". (Provérbios, 4,7-9).

"Adquire a Sabedoria". Sabedoria, como disse, é atributo divino imanente. Adquirir Sabedoria consiste em criar condições para que ela se manifeste.

"Adquire a inteligência". A inteligência é atributo da mente e precisa ser desenvolvida para que produza conhecimento.

O habitáculo divino do Poder e da Sabedoria é o espírito e a morada do espírito pode-se dizer que é o coração. Uel Stanley Andersen, em seu livro *O Poder da Energia Mental*, escreveu que "no coração do homem iluminado encontra-se o conhecimento secreto, que tem dentro de si o poder para modificar qualquer coisa através de sua identificação com o Divino por meio do conhecimento de que a mente que existe em seu íntimo é a mesma mente de todos os outros".

Todos os seres humanos têm espírito igualmente, porque todos somos da espécie divina, todos somos filhos de Deus. Paulo já dizia: "Somos da espécie divina, nele somos, nos movemos e existimos".

O fogo que está queimando esta lenha e o fogo que está queimando em um milhão de lareiras, não se poderia dizer que é igual em sua essência? Quem sabe, não se poderia fazer esta comparação em relação ao espírito existente em todas as criaturas humanas? O brilho, a luz e o calor do sol se expandem para todo o nosso planeta, mas o sol é um só. O amanhecer ocorre em horários diferentes nos diversos continentes do nosso planeta, mas a luz é originária do mesmo sol.

É fácil concluir que, se somos espírito e no espírito habita o amor, a sabedoria, o poder, a felicidade e todos os dons divinos, alcançando a dimensão do espírito chegamos à dimensão do poder. Assim, temos o poder do espírito.

Espírito Santo - Terceira Pessoa

Pode-se fazer aqui também a abordagem do poder do Espírito Santo como terceira pessoa da Santíssima Trindade. Mas esta é uma verdade da religião cristã. Para os cristãos, o Espírito Santo é Deus e, como Deus e como paradigma do Amor, da Luz e da Sabedoria, é nosso defensor, segundo os ensinamentos de Jesus, que, inclusive, o chama de Espírito da Verdade.

Segundo o evangelista Lucas, pelo Espírito estamos revestidos do poder que vem do Alto. (24,49). Já, em Atos dos Apóstolos, consta: "Mas recebereis poder ao descer sobre vós o Espírito Santo".(At 1,8). Recebereis poder.

É evidente que esta consideração só tem sentido para quem pode entender e aceitar esses conceitos espirituais e religiosos a respeito da Santíssima Trindade.

Os demais leitores passem à margem deste tema. Se este poder do Espírito Santo não chegar à sua compreensão e aceitação, não se irrite, isso é para os que navegam nessa dimensão. Você siga adiante e aproveite os poderes que lhe dizem alguma coisa, pois são muitos e todos o acolhem de braços abertos.

Décimo-quarto poder

Poder da Sugestão

Tudo que você acreditar que vai ajudá-lo a alcançar seus objetivos, será de imensa valia. A autossugestão consciente é um maravilhoso aplicativo para tudo. É poder.

O fundamento do poder da sugestão é este: Tudo que o subconsciente aceitar como verdade, executa. Pois, pela sugestão o subconsciente não apenas acata uma ideia como se fosse verdade, como também tem a capacidade de torná-la realidade. A mente e o cérebro agem e reagem de acordo com os estímulos mentais e sensoriais que recebem. E quanto mais repetitivos esses estímulos, mais automáticos se tornam. Isso se chama autossugestão. Esta é uma das formas de acionar o poder do subconsciente.

Sugestão sutil ocorre, por exemplo, quando uma pessoa levanta da cadeira e a coloca junto de você, que está de pé. Ninguém lhe falou nada, mas você senta na cadeira.

Sugestão indireta acontece, por exemplo, quando alguém elogia diante de seu interlocutor, as belas qualidades e atitudes de uma pessoa, qualidades essas que gostaria que o interlocutor as adotasse.

Tempos atrás, escrevi esta mensagem no meu espaço diário do facebook: "Você é sugestionável? Quando você faz algo só porque os outros fazem não será isto sugestão? Quando percorre sempre os mesmos lugares, os mesmos restaurantes, a mesma igreja nos mesmos horários, não seria prisioneiro de autossugestão? E quando faz sempre as mesmas orações? E quando pensa e fala sempre as mesmas ideias? Tudo que é feito maquinalmente pode ser programação cerebral que, mediante algum estímulo, logo se conduz à repetição. Analise hoje suas atitudes e ações como início do seu autocomando consciente. Isso faz você dono de si".

Preste atenção às suas crenças, pois, em última análise, são autodeterminações que fazem sua vida. Crenças boas, vida positiva; crenças negativas, vida prejudicial.

Também, verifique se suas ideias fixadas estão conduzindo sua vida para frente ou para a estagnação. Por exemplo, costuma dizer que a vida é complicada, que você não tem talento, que é explorado, que seu salário é irrisório, que as pessoas não prestam, que ninguém casa com você porque as pessoas são egoístas e só querem se aproveitar?

Conheço gente tão negativa que se enquadra perfeitamente na chamada Lei de Murphy: "Se alguma coisa pode dar errado, vai dar errado". Assim, pensam que, se vão adquirir um carro, ele não funciona; se compram 20 metros de arame farpado, ele terá apenas 19; se marcam um passeio no próximo domingo, com certeza vai chover; se casam, a união vai fracassar; se programarem férias na praia em fevereiro, é certo que vai chover todo o mês, assim por diante. Isso tudo é autossugestão consciente.

Outro detalhe importante: Sempre que decidir fazer alguma coisa, pense que é fácil, pois, se pensar que é muito difícil, será muito difícil. Autossugestão. E quando decidir que algo é impossível, tudo estará bloqueado, pelo poder da autossugestão.

- Eu posso! Eu posso!

Esta afirmação no tempo presente é forte, direta, definitiva. Que poder! Todas as instâncias do ser se conjugam para a realização. Mas é preciso se convencer dessa verdade, torná-la unívoca interiormente. E a autossugestão é um método eficiente para tal.

Use o poder da autossugestão também para a sua saúde. Mesmo que o médico descarte possibilidade de cura, ou disser que será muito lenta ou parcial, lembre que o subconsciente preside todas as funções do organismo e é totalmente sugestionável. Imagine seu órgão perfeito, regenerado, saudável. Visualize a parte afetada funcionando na justa e reta ordem divina. Mantenha firme esta verdade mental.

Emile Coué, psicoterapeuta francês, que passou a vida inteira ensinando e curando as pessoas pela autossugestão consciente, escreveu:

"Que é preciso, então, fazer para melhorar e curar-se a si mesmo? Para isto, basta apenas aprender a utilizar bem e conscientemente um instrumento que cada um de nós possui desde o nascimento, usa-

-o desde logo e continua usando-o toda vida, sem o saber, até o momento de expirar. Este instrumento não é outra coisa senão a autossugestão, que se pode definir assim: "É a ação de impor a si mesmo uma ideia na mente". (O Domínio de Si Mesmo Pela Autossugestão).

Como a autossugestão tem muita força sobre o subconsciente e o subconsciente é o dirigente principal de todas as funções do corpo, pode ocorrer de pessoas continuarem a ser paralíticas mesmo depois de sanado o problema. Emile Coué, no mesmo livro, conta o seguinte: "Em Paris, observei um caso muito notável de paralisia. No primeiro andar de uma casa, onde eu fazia uma sessão, trouxeram-me uma mulher que, havia quinze meses, estava completamente hemiplégica. Era-lhe impossível fazer o menor movimento do lado doente. Logo depois da sessão, ela se levantou da cadeira e pôs-se a andar normalmente, movendo o braço paralítico como se nunca tivesse deixado de movê-lo. É bem fácil a explicação desta cura repentina. Quinze meses antes, esta mulher sofrera uma congestão cerebral, que lhe causara paralisia real. Como acontece frequentemente em tais casos, aos poucos as lesões foram desaparecendo e, na mesma proporção, a paralisia verdadeira diminuía. Continuando, porém, a doente a pensar "Estou paralítica", permanecia sempre no mesmo estado. Em seguida, como as lesões foram curadas completamente, a paralisia desapareceu, mas a pessoa, julgando sempre estar paralítica, continuava no mesmo estado em que ficou no dia do acidente. Desde que não havia mais lesões a curar, a sugestão de que iria desaparecer a paralisia assim que as lesões também desaparecessem, trouxe um resultado súbito".

Certa vez, fui visitar uma espécie de abrigo de velhinhos doentes, atendido por um médico que apreciava muito o meu trabalho e o aplicava para a saúde dos seus doentes. Depois de um encontro com alguns deficientes, o médico pediu que eu desse uma bênção a eles na capela da casa.

E disse-me:

- Padre Lauro, faça esta senhora paralítica caminhar até a capela.

Sem pensar duas vezes, cheguei até a mulher e ordenei-lhe:

- Então vamos, levante, levante, levante agora mesmo, você pode, e vamos à capela. Vem!

Ela levantou subitamente da cadeira onde jazia confinada há quatro anos e veio me seguindo automaticamente. Não a deixei pensar, fui falando, falando e falando sempre: "Isso mesmo, você pode, muito bem..." Assim, nesse comando, chegamos à capela.

A sugestão funcionou porque não a deixei pensar sobre seu estado, pois, se ela tivesse tempo de refletir, iria se conscientizar de que não podia caminhar e isso aconteceria mesmo. Como ela foi me ouvindo e eu falava sem parar dando ordens motivadoras, aconteceu aquela maravilha.

Quantas curas ocorreram ao longo dos anos em que eu realizava mentalizações de sanação nas Jornadas sobre o Poder da Mente, ministradas no Brasil e exterior!

Lembre-se que toda sugestão é, na verdade, autossugestão. E autossugestão é manifestação autêntica do poder da mente sobre o corpo.

Mas, aqui quero voltar a falar sobre a "autossugestão consciente". Não se trata de hipnose. Você manda para sua mente e seu cérebro, conscientemente, por livre e espontânea vontade, ordens que deseja serem cumpridas. Este é um poder consciente que pode usar para alcançar objetivos. Tomando como princípio que todo pensamento que atingir univocamente seu subconsciente, este move céus e terras para torná-lo realidade física, aí está porque a autossugestão é poder que muda a sua vida.

A autossugestão é a faculdade de adotar livremente como verdade pessoal alguma ideia ou desejo ou crença ou objetivo.

O poder da autossugestão não depende de esforço e nem de força de vontade.

Dois exemplos: Você sabe que quanto mais se esforçar para dormir, menos probabilidade terá de adormecer. Quanto mais se empenhar em lembrar um nome, menos chance terá de lembrá-lo. Deixe-se levar pela autossugestão suave de que está com sono, com muito sono, feche os olhos, e quando você vai se dar conta, estará acordando após uma boa dormida. A respeito do nome, quanto mais forçar a lembrança, mais bloqueado estará o subconsciente, dominado por ideias de que a memória está falhando. Diga: "Já me lembro", "logo vou lembrar", "daqui a pouco eu lembro", e continue o seu assunto. Dentro em breve, o nome despontará na sua memória.

Repetindo: Toda sugestão é autossugestão.

Só quando uma sugestão for aceita interiormente, produzirá efeito. Isto significa que, nesse momento, tornou-se autossugestão.

Aproveite este poder como auxiliar poderoso também nos tratamentos médicos. Os remédios usados como placebo causam efeito por causa da autossugestão. Use a autossugestão até mesmo quando vai beber água de Fátima ou de Lourdes, só que neste caso o legítimo nome é fé.

Tudo que você acreditar que vai ajudá-lo a alcançar seus objetivos, será de imensa valia. A autossugestão consciente é um maravilhoso aplicativo para tudo. É poder.

Para concluir, não pense que sugestão ou autossugestão seja algo perigoso ou indigno. Nada mais é que se fazer acreditar, por um dos vários métodos usáveis, que você tem certeza de alcançar determinado objetivo. É, enfim, uma forma de usar o poder de realização.

Décimo-quinto poder

Poder da Repetição

Repetir é poder de criar
e recriar e recriar.

Repetir é poder? – indagará surpreso você.

- Sim, repetir mentalmente é uma forma de exercer poder realizador. Por sinal, grandes sábios chamam a atenção para essa descoberta.

O próprio Jesus garantiu: "Batei, batei, e abrir-se-vos-á". Não disse que talvez se abra. Foi definitivo: "Abrir-se-vos-á".

A sabedoria popular também confirma esta verdade: "Água mole em pedra dura tanto dá até que fura".

Toda Criação vai se sucedendo através da repetição. Só Deus não é repetível. Mas, deu o poder repetível aos seres da sua Criação: a semente produz a árvore que produz a semente que produz a árvore e assim vai. O animal produz o filhote que produz o filhote, que produz o filhote e a vida vai se reproduzindo. O ser humano produz o ser humano que produz o ser humano que produz o ser humano, e assim caminha a humanidade.

O poder de repetir é o poder de recriar.

O pensamento produz o pensamento que produz o pensamento, que produz a realidade, que produz o pensamento, e assim segue a corrente evolutiva. As quatro cores se reproduzem em outras cores que se repetem em outras cores que formam outras imagens de outras cores e faz-se, dessa forma, o colorido do mundo.

O seu coração repete uma batida, mais outra e mais outra e mais outra, efetuando o motu contínuo da vida humana até parar de repetir.

Repetir é criar e recriar e recriar.

Toda repetição nasce da primeira ação criadora original. Até mesmo um hábito bom ou ruim, um vício, uma virtude, surgem de um primeiro impulso que, por força da repetição, se solidifica. Quanto mais golpes receber um prego, mais se aprofundará.

Os publicitários conhecem muito bem o poder da repetição, por isso repetem e repetem e repetem o anúncio.

Uma ideia, quanto mais repetida, tanto mais fortemente se gravará.

Você pode usar o método da repetição para inserir determinada qualidade na sua personalidade. Se é pessoa agitada, repita: "Eu sou calmo, eu sou calmo, eu sou calmo!"

Lembrando: Tudo que o subconsciente aceitar como verdade, seja qual for o método, pode ser inclusive a repetição, tratará de tornar realidade física.

Também as crenças são resultado de gravações

mentais repetidas.

A decoração de textos ocorre por efeito da repetição. Você ouve todos os dias canções que repetem e repetem exaustivamente um refrão. E até fica com aquilo zoando nos seus ouvidos. Não é por nada, produz resultado.

Há certos tipos de repetição incansável que geram fixação. A lavagem cerebral é um método destrutivo que obstrui a possibilidade de outras ideias. A lavagem cerebral lava outras ideias do cérebro e fixa aquelas que são injetadas para algum objetivo geralmente mau. Na lavagem cerebral, do que havia antes não resta nem lembrança. A racionalidade foi para o ralo. Só existe um refrão, uma palavra de ordem, um comando, que continua em constantes repetições. Rejeite tudo que lhe tira o poder de análise e de autodecisão.

Quando há exacerbação de repetições, sem possibilidade de autocrítica e de autonomia racional, produz-se o fanatismo e o fundamentalismo. Os fundamentalistas são cegos-surdos-mudos a qualquer outra opinião, tese, ou consideração. Cria-se um muro impenetrável na mente deles. Só aceitam palavras de ordem geradas pela mesma Fonte. A fixação é tanta que são capazes de matar, agredir, praticar crueldades que, em estado normal, os deixaria horrorizados. Em nome de uma ideologia, seja política, religiosa, ou social, as pessoas radicais praticam maldades como se estivessem rezando o Pai Nosso e, em seguida, vão conviver tranquilamente com a família. Por isso, às vezes amigos e vizinhos não conseguem entender como certas pessoas possam cometer crimes tão hediondos.

Como tudo na vida, o poder da repetição pode ser exercido para o bem e para o mal, para romper vícios encascurrados e para cometer idiotices.

A repetição positiva

Aproveite este poder para criar seu mundo maravilhoso. A repetição aqui ensinada é aquela usada de forma consciente, desejada, para criar um bom hábito ou para alcançar um objetivo benéfico.

Há certas coisas que você deseja, mas não acredita que possa conseguir. A sua mente consciente cria objeções e frustra a univocidade da ideia. Muitas vezes, quando falo de felicidade, há pessoas agarradas ferrenhamente a ideias preconcebidas a ponto de reagirem contra como se fosse uma heresia insuportável. São amarradas em certas teorias de tal forma que sequer ouvem o que explico. Chamam-me de alienado, fora da realidade, acusam-me de não entender nada da vida, coisas assim. A bitolação irracional atrasa a vida de muita gente. Quantos se deixam sugestionar diretamente por conceitos religiosos e os aceitam sem qualquer análise!

Há pais que recriminam insistentemente os filhos pequenos, chamando-os de burrinhos, ou tapados, ou preguiçosos, ou teimosos, ou malcriados. Não se dão conta de que a repetição atua poderosamente sobre o subconsciente, ainda mais que a criança não tem capacidade de reação. E o pior dos piores é que essas insinuações ficam gravadas na mente, porque a criança tem o pai e a mãe como donos do conhecimento e da verdade. Não admira que esses filhos tenham arraigadas na personalidade essas afirmações péssimas incutidas na infância.

Por outro lado, um bom mestre, um bom amigo, um bom livro, um bom pregador, podem influenciar positivamente a mente e o coração das pessoas, principalmente quando há argumentação e convicção.

Quando a mente teima em rechaçar uma projeção mental desejada tomando-a como impraticável ou impossível, a repetição é um método muito eficiente. Repita seu pensamento, seu desejo, sua palavra, muitas vezes, sem se preocupar se a mente consciente aceita ou não. De tanto repetir, você acaba furando o bloqueio e então uma calma agradável toma conta do seu ser. Significa que a ideia foi aceita como verdade e não há mais oposição. Então, o poder funciona.

Mas, a realização ocorre quando o subconsciente aceitar uma ideia ou um desejo sem oposição nem contradição.

Resumindo

Se a fé fraqueja, se a sua racionalidade rechaça ou duvida, use a repetição. A palavra repetida vai reforçando a corrente energética de tal forma que acaba se tornando uma força única poderosa avassalando o subconsciente e o levando à materialização.

Repita, repita, que pega!

Adendo

Dinheiro seria o décimo-sexto poder?

A questão é se dinheiro se constitui em poder em si mesmo ou apenas reflete o poder que lhe for atribuído.

Será que dinheiro é poder? Falam tanto no poder do dinheiro, dizem por aí à boca cheia que o dinheiro compra tudo e há até aqueles que garantem que dinheiro é tudo. Brincava o humorista Groucho Marx: "Há tantas coisas mais importantes que o dinheiro, mas custam um dinheirão".

O artista Pablo Picasso também fez humor: "Eu gostaria de viver como pobre, mas com muito dinheiro".

Em fevereiro de 2015, estive desfrutando as belas praias de Aracaju e, em conversa com um empresário, disse-me ele:

- Está faltando um poder importante na sua lista.

- Qual?

- O dinheiro – sorriu ele triunfante. – O dinheiro conquista tudo. É tudo. Faz tudo.

- Será? – brinquei.

- Sem será, é isso mesmo, eu sei das coisas da vida – insistiu o homem.

- Dinheiro – respondi-lhe – não é poder. Apenas tem o poder que lhe derem. Fisicamente, o dinheiro é um pedaço de papel tão poderoso quanto um resto de jornal do ano passado, destinado ao lixo.

O homem franziu os sobrolhos.

- Imagine-se náufrago numa ilha distante de tudo e de todos, abandonada desde sempre, e você recém-chegado, solitário, exausto, ferido, sem comida, sem água, mas feliz da vida porque conseguiu salvar um milhão de dólares. Passados dois dias, com uma fome de comer um boi, com certeza, olharia para todos os lados e gritaria desesperado: "Um milhão de dólares por um prato de comida e um litro de água!" Tenho certeza que daria de bom grado seu milhão de dólares por um pouco de água e comida. Conhece a história do rei Ricardo Coração de Leão? Ele fora ferido gravemente na batalha de Boswort, em 1485, e, segundo o dramaturgo William Shakespeare, para escapar dos inimigos, teria gritado: "Meu reino por um cavalo!" Se fosse preso e morto pelos inimigos, de que valeria seu reino? Um cavalo, naquele momento, valia mais que todo seu reino. O mundo exterior, seja um milhão de dólares, cem milhões de euros, um reino, só terá o valor que lhe for dado e não em si mesmo. Uma moeda desvalorizada ao nível zero não tem poder nenhum. Quando tiram o valor do dinheiro pela inflação galopante, que poder tem ele? Que poder tinha o marco alemão no final da segunda guerra mundial? Quanto valem as ações de uma empresa falida? Que poder possui um cheque de cem milhões de dólares no bolso do defunto na sepultura?

O homem pôs a mão nos cabelos e saiu sem saber o que dizer.

É óbvio que o poder do dinheiro depende do valor que lhe é conferido. Isto nos faz concluir que o poder da moeda não está na moeda e sim na mente das pessoas e nas convenções e tratados dos governantes de uma nação. São as pessoas que determinam o poder do dinheiro, logo, dinheiro, em si mesmo, não é poder. O dinheiro sequer consegue avisar quanto vale e quanto poder possui. É matéria inerte. Se ninguém valorizar uma mina de ouro, por mais rica que seja não terá ela valor nenhum, não valerá nem mesmo um pão de queijo.

Jean-Paul Sartre, (1905-1980), filósofo, escritor e crítico francês, expoente brilhante do existencialismo, escreveu: "O dinheiro não tem ideias". A conclusão é simples: se o dinheiro não tem ideias, não tem poder.

Permita-me citar, ainda, Benjamin Franklin que, como você já leu, foi cientista, inventor, jornalista, diplomata e escritor. Certa vez, disse ele: "Aquele que acreditar que o dinheiro fará tudo, pode bem ser suspeito de fazer tudo pelo dinheiro".

Certa vez, escrevi esta poesia, que pode, muito bem, ilustrar o assunto:

O Milionário

Incrustado na montanha,
Emoldurando a paisagem,
Um palácio era a imagem
De grandeza solitária.
As brumas densas da aurora
Cobriam a mansão que outrora
Fora a glória milionária.

***

Nas paredes do castelo,
Quadros ricos e famosos
Lá jaziam silenciosos
Sem resquícios de grandeza...
Estátuas de ouro e prata,
Ontem troféus do magnata,
Hoje esquecidos na mesa.

***

No belo hall da mansão
Apenas luzes furtivas,
Restos de noites festivas,
Deitando sua claridade...
Vez por vez ouviam-se passos
Quebrando a dor dos espaços
E o despertar da saudade.

***

Enquanto o sol ensaiava
Seus prematuros lampejos

Radiantes e benfazejos,
A rotina do palácio
Voltava a se repetir
Sem vislumbre de porvir
Como um eterno prefácio.

***

Na parte nobre da casa
Entre esplendores doirados,
Tapetes e cortinados,
A suíte do magnata -
Um homem alquebrado,
Doente desenganado,
A morte marcando data.

***

No saguão, muito felizes
Os filhos das empregadas
Dando gostosas risadas
Que ecoavam na mansão
Chegando até o doente
Como divino presente
Ao seu triste coração.

***

A esposa entrou na suíte
Com o rapaz do expediente,
Deu um beijo no doente
Que, lembrando o seu dever,
Pegou papéis e dinheiro,
Entregou ao mensageiro,

Explicando o que fazer.
***
Depois de ouvir o recado,
O jovem fez um sorriso
Bem-educado, conciso,
Conferiu o itinerário
E desceu com alegria,
Aos pulos, a escadaria,
Sob o olhar do milionário.
***
O homem chamou a esposa,
Deu-lhe um beijo enternecido
E lhe disse ao pé do ouvido:
- Por tudo que agora sei,
Daria a mansão em paz
Pelos pulos do rapaz
E as risadas que escutei!

Mas dinheiro é importante

Por favor, não pense que estou menosprezando o dinheiro. Não, nada disso. Na vida de hoje, o dinheiro é o valor de troca mais simples e mais fácil. E mais usado. Até mesmo imprescindível. Olho para minha carteira neste momento e conto trezentos reais, equivalente mais ou menos a 450 dólares ou 100 euros. Com este dinheiro, no Brasil posso almoçar, comprar um par de sapatos, mais uma camisa, ler quatro livros de Lauro Trevisan, tomar um táxi para voltar, e ainda me sobram alguns trocados. Quis usar esses mesmos reais numa loja de outro país e eles não aceitaram, para eles não tinha valor. Valor zero. É assim, o dinheiro tem o valor que lhe for atribuído, relembrando o que escrevi acima. Mas, note bem, no mundo organizado é a melhor, ou única, forma de troca pelo trabalho e pelos produtos desejados. Por isso, o dinheiro é ótimo, padrão de sua estabilidade econômica, condição para sua performance existencial, necessário para sua saúde, garantia do seu futuro, fator de conforto, passaporte para o lazer e o prazer. Pode ter dinheiro à vontade, que faz bem. Só não faz bem guardá-lo debaixo do colchão. Dinheiro é roda, deve rolar e circular para que produza o seu destino. Se você deixar de aproveitá-lo, os outros um dia aproveitarão. Se deixar de fazer uma viagem para economizá-lo, seus herdeiros a farão. Eu sempre digo que caixão não tem gaveta. Não adianta nada ser o mais rico do cemitério. Desta vida só se leva a vida que se leva.

Essa mentalidade de amealhar dinheiro pela corrupção, pelo roubo, pela exploração, pelo assalto, jamais propiciará benefícios a alguém, porque o descaminho nunca leva ao caminho. A bíblia insiste o tempo todo que o ser humano deve ser justo e honesto, não há outro caminho. O dinheiro do mal carrega doenças, desprestígio, abominação, culpa, estresse e desgraça. É bom lembrar o velho e sábio ditado: "De quem tira, será tirado".

Mas, desfrute o que lhe pode oferecer de bom o dinheiro. E o que melhor pode lhe fazer o dinheiro é dar-lhe condições de encaminhar-se para uma vida feliz, alegre, próspera e saudável.

As escolhas são suas. A viagem é você que a determina, o dinheiro é o cavalo. Domine-o, pois, caso contrário, acabará pastando com o equino.

Agora, um recado para você que é religioso e espiritualizado:

Primeiro, jamais depreze o dinheiro, senão ele desprezará você. Não diga que o dinheiro é coisa do diabo, pois o diabo levará o seu dinheiro. Ainda que o diabo não exista, como não existe mesmo. Não acredite que o dinheiro é a desgraça da família e da humanidade, que, dessa forma, todo dinheiro que tiver fará a sua desgraça. Não amaldiçoe o dinheiro, pois terá que correr atrás dessa maldição. Você é e tem o que pensa e acredita, essa é a Lei.

Segundo, pobreza não é virtude, é contingência circunstancial e não faz bem a ninguém.

Terceiro, Jesus Cristo não foi pobre e não pregou a pobreza. Tinha tudo que queria. Quem tem tudo que deseja, não é pobre. Pobreza é carência. Por outro lado, se Jesus condenasse a riqueza, estaria condenando seu Pai, Criador deste universo infinitamente rico.

Quarto, a pobreza paralisa a obra da Criação do mundo, já que Deus disse, no Gênesis: "Façamos o homem à nossa imagem e semelhança para que presida a obra da Criação e domine em toda Terra". Já me referi a isso, lembra-se? Como um pobre presidirá a obra da Criação e como dominará toda a Terra se mal e mal tem para seu próprio sustento?

Quinto, abençoe a vida, abençoe a Criação, abençoe a abundância, e sinta-se imerso nesse lindo universo exuberante, grandioso e emocionante.

Sexto, por último, não guarde o dinheiro no seu coração, mas na carteira.

Adendo dois

E a felicidade, seria ela o décimo-sexto poder?

A felicidade está dentro, mas o comum dos mortais vai buscá-la fora. E colhe apenas fagulhas de felicidade.

Diga-me: Felicidade é poder?

Não, amor é poder, felicidade é estado de ser.

Felicidade é estrutura essencial do ser humano.

Felicidade é harmonia intrínseca entre corpo, mente, coração e espírito. Faz parte do nosso DNA.

Pela felicidade, a mente imerge na alegria, o coração na paz, o corpo na endorfina e o espírito na essência divina. Por outras palavras, felicidade é estado natural da vida humana segundo o projeto do Criador.

Vê-se desde já que felicidade não é poder. É ser.

Dizer que a felicidade não existe ou que é esporádica e incontrolável, é situar-se longe, muito longe, da verdadeira realidade. Mais do que isto, é estar fora de si.

Para muitos que negam a felicidade, poder-se-ia perguntar se, pelo fato de nunca terem estado em Roma, dá para concluir que Roma não existe?

Pior ainda é manter a crença de que estamos neste mundo para sofrer. Que absurdo! Trata-se de uma trágica ignorância, pois conduz o indivíduo à enfermidade e à desestruturação física e mental.

Como são capazes de diminuir o amor e a bondade do Criador?! Sem dúvida, é um insulto a Deus julgá-lo menos bom que nossos pais, que fazem de tudo para nos encaminhar bem na vida e sermos felizes.

Felicidade é a harmonização desse quadrunvirato: mente, coração, espírito e corpo. E isto significa saúde, bem-estar, juventude, estado de graça, interação entre o finito e o Infinito, relação amorosa entre o filho e o Pai.

Se essa vivência atingir picos excepcionais, dá-se-lhe o nome de êxtase, que é o vislumbre da celestialidade.

Resumindo: Felicidade é estado mental. O reino dos céus está dentro de vós mesmos – revelara Jesus.

A felicidade está dentro, mas o comum dos mortais vai buscá-la fora. E colhe apenas fagulhas de felicidade naquele momento em que, por obra do destino, ocorra a conjunção positiva e excitante da mente, do coração, do espírito e do corpo.

Os psicólogos insistem em afirmar que só existem momentos de felicidade. Chegaram até a estipular quantos dias de felicidade propicia a lua de mel, a compra de um carro zero, a aquisição da casa própria, a sorte grande da loteria, uma transa. Os religiosos poderiam medir quantos dias de felicidade ganham com a ordenação sacerdotal, com a realização de um retiro espiritual, com um dia de orações especiais, com um ato de solidariedade, por exemplo.

Recolhendo as velas e ancorando, pode-se dizer que amor é poder, felicidade é estado existencial natural prazeroso.

Qual é seu poder Preferido

Quando você acredita no objetivo, a mente alinha e coordena os poderes necessários para o resultado positivo.

Você acabou de apreciar os quinze poderes disponíveis. Estão sobre sua mesa. Estão aí olhando curiosamente para você.

Cada poder lhe diz:

- Estou aqui disposto a ajudar você. Use e abuse de mim. Minha realização é ver sua autorrealização.

Talvez você confesse:

- Não sei qual escolher.

Aqui eu entro na conversa e lhe digo que é muito simples escolher. Depende da sua mente e do seu coração. Concilie-se com aquele poder que sintoniza com sua crença, com seus conceitos existenciais e com sua motivação. Um ateu, por exemplo, não se afinará com o Poder de Deus, nem com o Poder de Jesus Cristo, assim como passará por cima do Poder da Fé. Uma pessoa que reage negativamente quando lhe falam em Poder da Mente, vai preferir outro poder que seja compatível com seus conceitos, talvez o Poder do Trabalho e o Poder da Vontade. Quem prioriza o campo da Psicologia, provavelmente se interessará pelos Poderes da Imaginação e da Sugestão.

Os poetas e românticos com certeza serão seduzidos pelo Poder do Coração. Você, que porventura tenha o Mestre como seu Caminho, Verdade e Vida, garanto que vai aprender tudo sobre o Poder de Jesus Cristo e o Poder Fé. Existem também aqueles que possuem ligação profunda com Deus e o veem como Pai, como manifestação de bondade e como criador desse lindo mundo - esses se sentirão felizes em invocar o Poder de Deus.

Você, ao ler os quinze Poderes, terá percebido que algum deles mexeu com sua fé e com seu entusiasmo. Vá por ele. É nesse poder que seu coração vibra de modo especial, dando-lhe força e persistência.

Também, acredito que tenha observado alguma relação entre um e outro. Ótimo. Some poderes e colherá mais certezas.

Um dos maravilhosos exemplos do uso de vários poderes ao mesmo tempo ocorreu num episódio da vida de Jesus. Foi no caso da cura de uma mulher que sofria de um fluxo ininterrupto de sangue, a hemorroíssa. Conta o evangelista Mateus que havia uma mulher que padecia, havia 12 anos, de uma doença muito grave, tanto que gastara toda sua fortuna com médicos, sendo que, além de nada conseguirem, estava ela cada vez pior. A enfermidade prosseguia sua sina impiedosa. Nem um fiapo de chance lhe oferecia a medicina. Futuro cinza, destino fatal. Este era o quadro da situação daquela mulher, um cenário perfeito para o desânimo e a frustração.

Mas, algo aconteceu naquele dia: um tropel de gente passava diante da sua casa. Surpresa com aquele tumulto, a hemorroíssa ficou sabendo que era Jesus que percorria as ruas da cidade. Num instante, uma centelha de esperança incendiou seu coração e despertou sua fé na cura. Já ouvira falar desse taumaturgo bondoso e poderoso. Era o primeiro poder que a inspirava: a Fé.

Decidiu: "Vou ter com ele; se lhe tocar o manto sequer, ficarei curada!" Segundo poder ativado: o Poder de Jesus Cristo.

Saiu à rua pensando: "Se eu tocar o manto dele, ficarei curada". O Poder da Palavra.

Nesse instante, sua imaginação acendeu a expectativa do retorno à saúde perfeita. Poder da Imaginação.

"Se eu tocar-lhe o manto sequer, ficarei curada" – foi sua única oração. Poder da Oração.

E seguiu até Jesus, repetindo sua oração. Poder da Repetição.

Seu desejo veemente de cura a levou a enfrentar a multidão e foi abrindo caminho por entre o povo que se acotovelava. Poder da Vontade.

Não pediu que trouxessem Jesus até ela, já que passava por doença muito grave. Nada disso. Foi até ele. Poder do Trabalho.

Sabia que seu caso, segundo os médicos, não

tinha cura, mas acreditou no milagre. Tocou o manto de Jesus e ficou curada. Poder do Milagre.

Veja só, esta mulher desencadeou, num único episódio, o Poder da Fé, o Poder de Jesus Cristo, o Poder da Palavra, o Poder da Imaginação, o Poder da Oração, o Poder da Repetição, o Poder da Vontade, o Poder do Trabalho e o Poder do Milagre. Quantos poderes? – Nove. Nada menos que nove.

Quando você acredita no objetivo, a mente alinha e coordena os poderes necessários para o resultado positivo.

Se você, porém, não aceita, não acredita e não deseja, não moverá a mente na direção do objetivo e, nesse caso, a Luz não será acesa, o apagão mental ocorrerá, o desânimo sucederá e o colapso se manifestará.

Mas, bem-aventurado é você que inundou sua mente de potencialidades e poderes fantásticos. Tudo valeu a pena, não é verdade?

Ainda que, neste momento, o que você leu lhe pareça distante das suas verdades, ainda que o seu gigante interior continue adormecido, na hora certa as forças assomarão de algum repositório da alma e você será conduzido ao Caminho e à vitória.

A Força existe e o desejo ligará a sua tomada nos poderes, e maravilhas acontecerão.

Uma usina energética de milhões de megawatts existe, mas não lhe dará um watt se não ligar a tomada na rede.

Como o saber é bom e faz bem!

Agora, feche os olhos e agradeça a inspiração do seu anjo misterioso. Ou você acha que nada existe além do seu território humano?

Conspiração Universal

O mundo com tudo que existe
vai girando vitalmente seu
eterno girar e você e eu vamos
imersos nesse mistério
insondável.

Ao concluir a leitura até aqui, com certeza você está empolgado com os poderes do ser humano. Mas, ao mesmo tempo, permanece perplexo diante de tudo que viu e imaginou. E não cansa de exclamar: "Como pode?! Como pode?! De onde vem tanto poder? Como se explica isso?"

Olhe para o seu relógio. Está marcando horas, minutos e segundos, mas sabe você como funciona? Acho que não sabe, como eu também não sei. Mas, funciona e o que importa é que o estamos utilizando.

Agora, contemple as estrelas, que estão lá, brilham, cumprem a função e a ordem cósmica, mas você e eu não atinamos como foram parar lá, e como fazem o que fazem.

Medite: o que faz moverem-se os ponteiros do relógio? O que faz as galáxias girarem o seu giro em perfeita ordem e harmonia?

Pense comigo: O universo é energia, a matéria é energia, a criatura humana é energia, a terra é energia, o vento é energia, o movimento é energia, todos os seres são energia. Tudo existe à base de um princípio vital chamado energia. Ora, se tudo é energia, atuando incessantemente na justa e reta ordem, dentro das Leis Universais coordenantes, a minha e a sua inteligência exigem que se admita a existência de um Centro energético, ou seja, de uma Fonte energética. Claro, do nada não sai nada.

Exemplo: Você vê a cidade iluminada, motores funcionando, geladeiras, celulares, internet, tevês, automóveis, aviões, elevadores, usinas, assim como oceanos, ventos, nuvens, rios, florestas, animais, tudo funcionando de acordo com sua espécie e finalidade, e desconfia que necessariamente deve existir uma Fonte que iniciou e continua movimentando até mesmo o movimento que se move.

A primeira ideia que eu tenho é que existe uma Central que produz e expande essa energia, tanto vital quanto natural, tecnológica e mecânica. O mundo com tudo que existe vai girando vitalmente seu eterno girar e você e eu vamos imersos nesse mistério insondável.

À noite, vejo as estrelas brilhando no céu, organizadas em galáxias, que giram e se ordenam entre si, e então vislumbro um vazio cósmico que alcança outras constelações, que também somem na imensidão inescrutável, e, a seguir, surgem os átomos, os quasares, os infinitesimais lampejos, que se esvaem em energia pura e esta desemboca no transcendental, de tal maneira que chega o momento em que a imaginação científica encontra o Ponto de Deus. O

Ponto de Deus. O Alfa e o ômega.

Por que estou me aventurando a perscrutar o insondável do universo? Simplesmente porque chego à conclusão de que o Uno (eu) se funde no Todo e o Todo contém a energia inteligente do Um, que é Deus. Como consequência, o Um, o Uno e o Todo são vistos, de cima para baixo, como o oceano e a gota, e, de baixo para cima, como a gota e o oceano. Deus é o oceano, nós somos a gota; nós somos a gota, Deus o oceano. O oceano contém a gota e a gota contém o oceano.

Todos os seres humanos se originaram do Um, tornaram-se Uno, e, em fusão com o universo, fizeram-se o Todo.

Leon Tolstoi, conhecido escritor russo, talvez tenha intuído essa dimensão imperscrutável quando escreveu: "A vida é Deus e amar a vida é amar a Deus". Ou, como disse o filósofo Sócrates: "Conhece-te e conhecerás o universo com tudo que nele existe".

Se somos Uno no Um formando o Todo, ou seja, se somos Um com Deus e o universo, todos os poderes nos são imanentes, daí se concluindo que você é e tem os poderes do Todo, que, logicamente, inclui o poder de Deus, ainda que na dimensão da gota.

Mas, como ser inteligente e livre, dotado de poder criador, você pode conhecer ou não sua dimensão, pode usar ou não seus poderes, pode agir ou não. A iniciativa é sua. O Criador fez a parte dele, o resto é com você.

Agora Brinque De Sonhar

Seja faminto, seja tolo! Sonhe grande, abrace os quinze poderes e conquiste o mundo!

Já ouviu falar de Steve Jobs, aquele que criou a Macintosh, a Apple, a Next e a Pixar, sim aquele mesmo? Em 2005, no auge do seu sucesso como um dos maiores gênios do século 21, foi convidado a discursar na formatura de alunos da Universidade de Stanford, EUA. Li todo seu discurso, uma obra clara, sábia, breve, estimulante. Sabe como ele concluiu sua fala? Bem assim:

"Sejam tolos, sejam famintos!"

Isso mesmo que você leu: "Sejam tolos, sejam famintos!"

Um homem, que revolucionou a história humana, recomenda, como fecho de ouro do seu discurso para formandos de Stanford, diante de professores e doutores PHDs: "Sejam tolos, sejam famintos!"

O que seria uma pessoa tola, na ideia de Jobs? Penso, repenso, e me arrisco a dizer que, para ele, seria um indivíduo deslumbrado com a vida, a acreditar que pode mudar o mundo e inventar coisas mirabolantes. Ora, só um tolinho alegre acreditaria nessa miragem. Mas foi exatamente por isso que ele inventou, numa garagem, a Apple e demais maravilhas, justo ele que, quando jovem, desistira da Universidade e passara a ocupar o tempo em aulas de caligrafia. Então, invade-me a mente outro personagem que mudou o destino do planeta e, mesmo assim, avisou que é preciso tornar-se como criança. Jesus. Lembrei meus tempos de criança, por volta de 1940, quando meus prazeres eram jogar futebol, subir em árvores, imaginar que cinco tábuas alinhadas contra o muro eram o ônibus do meu tio Aldo, que fazia linha de Vale Vêneto a Santa Maria, e eu era o motorista e dono desse ônibus imaginário.

Sejam tolos – falou Steve àquela juventude que recebia o diploma universitário e saía para a vida.

Será que ele não queria dar a entender que o canudo não era motivo para fechar-se no panteão dos grandes da terra, esses que julgam saber tudo? Sim, quem pensa saber tudo, nada mais oferece à humanidade e fica o tempo todo repetindo coisas que já estão envelhecidas e fora de época. Quem se supõe saber tudo, jamais brincará de criança e sequer sonhará sonho grande.

O último conselho de Jobs chega em tempo muito oportuno para políticos e governantes envelhecidos em ideias envelhecidas, assim como para pregadores fixados nas mesmices que nada mais significam no mundo de hoje. A esses recomendo carinhosamente: Sejam famintos de conhecimentos novos e voltem a pesquisar na Fonte a mensagem de

Jesus. Que lindo é ter fome de novas descobertas na palavra de Jesus ao invés de repetir a Idade Média!

Para sair de um círculo vicioso é necessário ser tolinho, olhar para onde os outros não olham, ver o que os outros não veem, duvidar do que as teologias requentadas insistem em repetir.

Ser como crianças. Ser tolo é ser como criança. Ser como criança é acreditar que pode mudar o mundo.

Mudar o mundo? Que tolice! – dirão os doutores, sentados no trono de si mesmos.

Acabei de ler uma espécie de testamento espiritual de José Saramago, escritor português, Prêmio Nobel de Literatura, falecido há pouco tempo.

Lá pelas tantas, disse ele:

"Tentei não fazer nada na vida que envergonhasse a criança que sempre fui. Quando me for deste mundo, partirão duas pessoas: Sairei de mãos dadas com essa criança que fui".

Pois então, eu digo para mim e para você: Brinquemos de sonhar. Sejamos tolinhos a acreditar num mundo melhor e numa humanidade feliz e fraterna.

Numa viagem de férias, usei o boné do Grêmio Porto-alegrense e me avisaram que isso não me era recomendável, que eu devia preservar a minha imagem. Agora vem o Steve me dizer que devo ser tolinho. Cheguei até a imaginar os cardeais da Igreja usando bonés dos seus times ao invés da mitra e do solidéu. Bem, isso é tolice demais. Apague. Não passa de brincadeirinha. Por falar nisso, certa vez um senhor distinto e douto veio me cumprimentar fazendo belos elogios aos meus livros, mas fez uma ressalva:

- Tem um livro seu que não combina com a grandeza de suas obras.

Fiquei surpreso:

- Qual?

- Aquele livro de humorismo, a Enciclopédia Maluca. Desmerece sua elevada cultura.

Já que tínhamos tempo e ele era muito atencioso, falei-lhe sobre a importância do riso para a saúde, para o bem-estar, para a convivência e para manter ambiente alegre. Bom, nem todos pensam assim, para muitos humorismo é tolice, literatura de segunda classe.

Respeitando cada um com seu feitio – nem é bom que todos pensem igualmente – quero dizer que gostei do gran finale do discurso de Jobs: "Sejam tolos, sejam famintos!" O faminto é um eterno inacabado, o que o faz interessado em colher ensinamentos de tudo e de todos. O tolinho nunca será uma pessoa cheia de si. Por sinal, indivíduo cheio de si é arrogante.

Quando Beethoven compôs sua música mais popular, o Hino da Alegria, da Nona Sinfonia, os colegas invejosos disseram que era uma composição infantil, destituída de grandeza clássica. Talvez tenham zombado que só um tolo colocaria aquela cantilena numa sinfonia.

Não sei se é lenda, mas contam que, certa feita, um frade, aproveitando-se da singeleza do grande teólogo Tomás de Aquino, gritou para ele:

- Tomás, corra, venha ver um boi voando!

Aquino correu até a janela do convento, enquanto o confrade se derretia rindo a mais não poder.

Tomás simplesmente disse-lhe:

- É mais fácil ver um boi voando do que um frade mentindo!

Nesse ponto da história, comecei a imaginar que, se por uma reviravolta no planeta, o pasto se situasse a vinte metros de altura, o boi seria obrigado a voar para não morrer de fome. E os fazendeiros teriam que subir numa escada de vinte metros para tirar leite das vacas. Que tolice, essa ideia! Bem, a culpa é do Jobs, que fez apologia da "bobice", só que exagerei na dose.

Acho que agora posso lhe dizer:

- Brinque de sonhar. Brinque de sonhar. Brinque, seja tolo. Imagine-se realizando seu sonho grande. Não ceda à sua racionalidade, que lhe pede para ter juízo e deixar de fantasias infantis. Seja como as crianças. Suba pelo arco-íris até as alturas do infinito. Entre na sala onde estão guardados seus quinze poderes, escolha o mais atraente, e vá realizar seu sonho especial. As invenções nascem da imaginação singela e sem bloqueios. Se você pode sonhar, pode realizar. Será que a Torre Eiffel não nasceu de um sonho infantil? Consta que, na época, fora combatida como obra de mau gosto por arquitetos, cultos e nobres. Hoje ostenta o orgulho de ser símbolo de Paris. Foi visitada, em 2011, por sete milhões e cem mil pessoas.

E o Taj Mahal, monumento mais visitado da Índia, construído pelo imperador Shah Jahan sobre o túmulo de sua esposa, num gesto de imenso amor apaixonado? E a tolice desses fantásticos aventureiros que escalam o Pico do Everest? Que bobice bateu na cabeça de dois amigos meus que fizeram os oitocentos quilômetros do caminho de Santiago de Compostela, a pé, desde Saint-Jean-Pied-de-Port, quando poderiam ter ido de carro? E o Amyr Klink, que permaneceu um ano solitário na Antártica a bordo do seu veleiro preso no gelo da Baía de Dorian? E o Cristóvão Colombo que dizem ter saído da Espanha sem saber aonde ia, chegou em terras novas sem saber onde estava e descobriu a América pensando que eram as Índias?

Maravilhosos esses tolinhos da história. Com certeza, Jobs, lá do andar de cima, lhes estará incentivando:

- Continuem tolinhos!

Então, ao lado de seu canudo PHD, ponha o Diploma de Tolinho e saia para realizar seu sonho.

Anotole France foi renomado escritor francês e crítico, (1844-1924), ainda hoje citado, por isso o cito também: "As grandes obras deste mundo foram sempre ralizadas por doidos".

Os realizadores são famintos e tolos.

Agora eu fico pensando nos medalhões do futebol. Todos os clubes que quiseram montar a seleção do século com medalhões famosos para celebrar seu centenário ou tricinquentenário, se deram mal. Jogador grudado na calçada da fama e com dinheiro aos borbotões, jamais quererá ser um bobinho carregador de piano. Isso já não é mais para ele. Medalhão não quer ser bobinho aos olhos do mundo. Jogador rico e deslumbrado não joga, espera a bola. Que a bola venha até ele, caso contrário, nada feito. Perdeu a alegria de ser tolinho, de jogar por prazer, de correr atrás da bola como criança feliz, isso não é mais para o tamanho de sua grandeza galáctica. E o time fracassa porque, em futebol moderno, é preciso dez jogadores que ataquem, defendam e corram feitos tolinhos atrás da pelota. Esses saltam dez metros de suprema felicidade quando acontece o gol.

Em 1975, resolvi refazer o Curso de Filosofia nas Universidades de Passo fundo e Florianópolis para validar o diploma junto ao Ministério de Educação. Pois, foi lá em Passo Fundo que um colega me falou a respeito de um Curso sobre o Poder da Mente, que acontecia no Brasil, chamado Silva Mind

Control. Entusiasmei-me. Era tema que me fascinava. Estava por acontecer um no Rio de Janeiro. Inscrevi-me, comprei passagem e reservei hotel. Dias antes, viera a Santa Maria o famoso parapsicólogo Padre Oscar Gonzales Quevedo a fim de ministrar um curso de Parapsicologia. Meus colegas perguntaram ao Quevedo o que achava desse curso de Controle Mental que eu iria participar no Rio. Ele foi categórico:

- Charlatanice! Não deve fazer!

Os colegas vieram me avisar, muito apreensivos, sobre o que dissera Quevedo. Não desisti. Queria ver, ouvir, e avaliar por mim mesmo. Meu coração tolo levou-me ao Rio. Se tivesse me rendido ao conselho do parapsicólogo, hoje não teria essa formação, não teria viajado durante 35 anos a ministrar jornadas sobre o Poder da Mente no Brasil e exterior e não teria escrito 85 livros até o momento. Bobinho!

Pois é:

- Seja faminto, seja tolo! Sonhe grande, abrace os quinze poderes e conquiste o mundo!

Percorreu os quinze. Maravilha. Já acordou ou continua hipnotizado nas velhas ideias e crenças e costumes que abarrotam sua mente?

Um dia, Isaac Newton dormia à sombra de uma macieira e, de repente, caiu uma maçã no seu rosto. O homem acordou, olhou para a maçã, olhou para a árvore, e voltou a dormir? Não, a história foi outra: o episódio lhe serviu de motivo para uma reflexão que o fez descobrir a Lei da Gravidade.

Conhece a história da máquina a vapor? Denis Papin, numa noite fria, aquecia os pés na lareira e sobre o fogo havia uma panela tampada cheia de água. De súbito, a tampa passou a se erguer da panela, fazendo um ruído crepitante enquanto um jato de vapor evolava sibilando. "Ali dentro há uma força" – exclamou ele. Assim originaram-se as máquinas a vapor. Quantos milhões de águas ferventes levantaram a tampa da panela demonstrando que o vapor produzia energia? Quantos, me diga! Mas, quem raciocinou e viu a relação entre uma coisa e outra foi Papin.

Bem conhecida é a história de Galileu Galilei

e o pêndulo. Certa vez, aquele físico, matemático e astrônomo estava na catedral de Pisa e passou a observar as oscilações de um lustre que pendia do teto. Esta singela observação o levou a várias experiências e úteis descobertas científicas.

Quanta gente viu aquele lustre oscilando para cá e para lá na catedral de Pisa e nada mais notou que algo corriqueiro e natural! Mas, Galileu enxergou além do corriqueiro e natural. Deduziu e percebeu várias leis físicas.

E a história do pneu, cuja invenção se deve a Charles Goodyear, você a conhece? Em 1834, uma alfaiataria de Massachusetts presenteou o então presidente dos Estados Unidos, Andrew Jackson, com um terno impermeável. A goma aplicada ao terno ficou conhecida como borracha. Na mesma alfaiataria, o filho de um inventor de ferramentas foi designado para resolver um dos maiores problemas da borracha, que era endurecer no frio e derreter no calor. Charles Goodyear descobriu casualmente o processo da vulcanização quando deixou cair borracha e enxofre no fogão.

Fique atento você também. Nas coisas simples da vida estão os segredos que transformarão seu destino.

Há quinze poderes que podem mudar a sua vida.

Quinze poderes. O que está esperando?

Acorde.

Lave o rosto, molhe a cabeça, está na hora de despertar. Dê um tapinha na cara para ver se já acordou. É lindo despertar e enxergar o mundo com outros olhos. Não veja apenas um objeto oscilando, uma panela fervendo, uma maçã caindo, um pouco de borracha e enxofre derramados no fogo. Abra os olhos da mente.

- Estou acordado – talvez resmungue você.

- Está mesmo? Não sei não: levanta do mesmo jeito, veste-se como sempre, toma café com ingredientes da propaganda de tevê, pega o mesmo transporte, faz o mesmo trajeto, pensa os mesmos pensamentos, crê as mesmas crenças, vê a mesma novela, aplaude os mesmos personagens, lê o mesmo jornal, diz as mesmas coisas, reza as mesmas orações, xinga os mesmos xingamentos, elogia os mesmos elogios... Acorde, você está hipnotizado. Olhe melhor a maçã caindo, o lustre da catedral oscilando, a panela fervendo, a borracha e o enxofre no fogo...

Uma pergunta enjoadinha: Você leu os quinze poderes sem lê-los, pensou-os sem pensá-los, acreditou sem acreditar, praticou-os sem praticá-los - ou inundou-se de sabedoria?

Acorde. Abra os olhos, a vida está do outro lado, a sua história a ser contada é outra, acorde, acorde.

Precisa de um tiro de canhão nos ouvidos para

acordar? Ou será que Deus seja obrigado a mandar até você o anjo Gabriel para puxar suas orelhas e fazê-lo voltar-se para sua realidade existencial?

Pare de fazer só o que os outros fazem e pensar apenas o que os outros pensam. Acorde.

Está esperando outro dilúvio?

Vamos, agora não é tempo de lamúrias, é hora de pegar o alforje, montar nos quinze, e fazer a trajetória dos seus sonhos.

Na numerologia, o arcano quinze mostra a necessidade de vencer a tentação. A tentação da mesmice – digo eu.

No cabalismo, o quinze representa a força misteriosa. Reforce o sentimento de força transcendental pensando nos 15 degraus aqui construídos para o seu sucesso, saúde, prosperidade e felicidade.

Esses quinze poderes lhe foram dados por Deus, não por mim. Fazem parte da dimensão humana.

Alegre-se. Bata palmas ao Criador. Agradeça a si mesmo pela intuição que levou você a tomar este livro na mão.

Quando desejar reforçar um desses poderes, torne a vasculhá-lo, procure desvendá-lo naquilo que pode lhe oferecer de bom. Não há nada tão bom que não possa ser ótimo e não há nada tão ótimo que não possa ser excelente.

Já não é hora de condenar o passado e nem de

lamentar a situação atual. Tudo que lhe aconteceu tinha que acontecer como base da sua arrancada para a grandeza da sua existência. Nada acontece por acaso.

O quinze não gosta de acomodação. É seu parceiro disposto a levá-lo aonde deseja ir. A decisão é sua.

O quinze acendeu o fogo do coração, fez brilhar a chama do entusiasmo, e agora é com você.

Boa sorte. Sucesso. Bandeira desfraldada.

Hoje é o começo do melhor da sua vida.

Avante.

Acorda João

Lauro Trevisan

Gostaria de concluir meus pensamentos oferecendo a você este poema.

A noite sofrida,
A casa caída,
A causa perdida,
A mágoa enrustida,
A alma suicida,
A velha bebida,
A louca corrida,
O racha da vida,

Foi tudo ilusão.
Acorda, João!

Teu sono pesado,
Dormindo acordado,
Olhar desvairado,
O cérebro inflado,
O amor destroçado,
O ódio entornado,
É tudo passado!
Não és mais leão
Com pernas de anão,
Nem mesmo vilão.

É tudo ilusão.
Acorda, João!

Teu sonho furtivo,
Que finge estar vivo

Num corpo passivo
De herói inativo,
Morreu sem motivo!
A alma embotada,
Sem rumo, sem nada,
A mente estagnada,
No abismo jogada,
Quer ser libertada

De toda ilusão.
Acorda, João!

O sol já nasceu,
O monstro morreu,
O abismo se encheu,
O amor reviveu,
O gato comeu
A gosma do ateu,
O céu cor de breu
De azul se teceu!

Morreu a ilusão.
Acorda, João!

O muro ruiu,
A grade caiu,
O câncer sumiu,
O éden floriu,

A alma se abriu,
A vida voltou,
O mar serenou,
A chuva amainou,
A vela apagou,
O sol já raiou,
O mundo mudou.

Adeus, ilusão!
Acorda, João!

Viver é preciso
No teu paraíso,
Brincar sem juízo,
Amar sem aviso,
Tecer a quimera
Que o mundo te dera,
João, não espera,
Já é primavera!

Não há ilusão.
Acorda, João!

Acorda, é hora,
A vida aqui fora
Tem luzes de aurora
Mais belas que outrora!
O mundo te adora,

O amor te namora,
Vem cá, sem demora,
Que a vida é agora,

Sem mais ilusão.
Acorda, João!

O teu coração
É mel feito pão
Fluindo na mão!
É bela canção,
É beijo de irmão,
É força-paixão,
É meiga afeição,
É luz na amplidão,
É paz, é perdão,
É flor em botão,
É fim da ilusão,
Acorda, João!

E João acordou
E o mundo mudou!

Índice